エッファタ！

教会共同体のろう者

教皇庁 保健従事者評議会

Pontifical Council
for Health Care Workers

Ephphatha!

The Deaf Person
in the Life of the Church

カトリック中央協議会

目次

第一章　世界のろう者——過去から現代まで

第二章　聴覚障害の医学的側面

第四章　ろう者の司牧

文中、聖書の引用は原則として日本聖書協会『聖書 新共同訳』（二〇〇〇年版）を使用しました。ただし、漢字・仮名の表記は本文に合わせています。

なお現在では、本書の原著者である教皇庁保健従事者評議会、ならびに同正義と平和評議会、同開発援助促進評議会、同移住・移動者司牧評議会は、二〇一六年八月十七日付の教皇自発教令により、新設された「人間開発のための部署（Dicastery for Promoting Integral Human Development）」（日本語名称は仮）に統合されています。

教皇ベネディクト十六世との謁見にあたってのあいさつ

教皇様。

聞こえない人への司牧という、とても興味深く時宜にかなった議題を議論する今年の国際会議の中で、わたしたちに謁見を賜りましたことに対し、敬愛を込めて感謝申し上げます。

二〇〇〇年を記念して祝う「大聖年」の十二月三日、障害者のためのジュビリーも行われ、参加した障害者の中には聞こえない人も多くいました。その際行われたミサには、聞こえない者もより完全な参加ができるように手話通訳がつきました。尊者ヨハネ・パウロ二世教皇（訳注＝二〇〇九年当時。のち二〇一一年列福、二〇一四年列聖）からは、障害をもつ人々に次のようなおことばを賜りました。「キリストのみ名によって教会は、皆さんにとってもっと心地よい家になるように取り組んでいます」。

教皇庁保健従事者評議会の第二十四回国際会議「エッファタ！　教会共同体のろう者」は、ろう者が教会で、ここにこそわたしたちを「迎えてくれる家がある」と感じられるよう、教会がろう者にもっとしっかりかかわろうとしていることを示すために開催されたのだといえるかもしれません。

耳の聞こえないわたしたちの兄弟姉妹は自分の身体の中に、また自分たちの生活の中に「解放」への強い希望を抱いています。信仰がなければ、この希望は失望と自信喪失の色を帯びているかもしれません。この希望が「エッファタ！」というイエスのことばによって支えられるのであれば、失望も生き生きとした希望へと変えられるでしょう。もっとも目指すべきところは、教皇様がこのほどヨルダン訪問の際に強調されたように、障害者の「社会への」完全な参加であり、「その参加を促進するために、十分な役割と適切な支援が提供されること」です。

世界には二億七、八〇〇万人以上の、この不可視の障害をもった人がいます。聞こえないという障害は、コミュニケーションや日常的なやり取りすべてに、乗り越えることの難しい壁を作ります。その困難は宗教上の儀式においてはさらに増大します。なぜなら、聞こえない人が信仰生活のあらゆる局面に参加できるように橋渡しをする、適切に訓練された司祭や司牧の働き手が不足しているからです。耳の聞こえないカトリック信者は世界中で一三〇万人以上います。

この国際会議には国際的に著名な専門家等が参加されており、その中にはろうの講演者もおられます。世界の六十七か国からローマに来られ、ろうという問題に対して科学的に、または、知っていることをお話しくださり、ろう者が教会に、社会に、どうしたら溶け込めるか、そのプロセスを実現させるために貢献してくださっています。

この国際会議に出席されているご家族の中には、一人あるいは複数のろうのメンバーをもつご家族がおられますが、講演者として、真に味わった、あるいは苦しんだ信仰上の経験について証言してくださっています。このかたがたはこの国際会議に参加している全部で約五〇〇人もの人たちに、キリスト教信仰を生きていく中で日々直面する困難を話してくださっています。

教皇様。今日、わたしたちをお迎えくださったことにまことの喜びをもって感謝申し上げます。そしておことばに率直に耳を傾け、教皇様の祝福をいただきたいと思います。この祝福はここにいるすべての人とその家族に注がれ、生涯彼らの支えとなることでしょう。

ジグムント・ジモフスキ（Zigmunt Zomowski）大司教
教皇庁保健従事者評議会議長

訳者注
この教皇への謁見は、三日間の会議の中間日の二〇〇九年十一月二十日に行われた。

教皇ベネディクト十六世の謁見の場でのことば

兄弟姉妹の皆様。

教皇庁保健従事者評議会によって、「エッファタ！　教会共同体のろう者」という、社会にとっても教会にとっても非常に重要なテーマで開催される第二十四回国際会議の機会に、皆様にお会いできることはわたしの喜びです。評議会の議長であるジグムント・ジモフスキ大司教の心のこもったごあいさつに感謝の意を表します。評議会の次官、新任の次長、司祭、修道者、信徒、専門家の皆様にもごあいさつ申し上げます。そして、ろう者の司牧に多大な貢献をされている皆様に、称賛と激励の意を表したいと思います。

実際、最近注意深く考察されるようになってきていますが、ろう者の抱える問題は多く、慎重を要するものです。それは社会学から教育学、医学、心理学から倫理的、霊的、司牧的視点に及ぶさまざまなレベルからの取り組みを必要とするものです。専門家による報告、この分野で働いているかたがたの経験の情報、そしてろう者たち自身の証言は、状況を掘り下げて分析し、わたしたちの兄弟姉妹であるろう者の人々に、つねにより専門的な配慮のある提案と手引きを作成する可能性をもたらしてくれました。

この会議のテーマの始めにある「エッファタ」ということばは、マルコ福音書のよく知られたエピソード（マルコ7・31―37参照）を思い出させます。このエピソードは主がろう者に対してどのように振る舞われたかを示す代表的なエピソードです。イエスは一人のろうあ者を傍らに呼び寄せ、象徴的な身ぶりを示して後、天を仰いで、彼に向かって「エッファタ」といわれました。これは「開かれよ」という意味です。その瞬間に彼の耳は開かれ、舌のもつれが解かれ、はっきり話せるようになったと福音記者は記しています。イエスの身ぶりは、ご自分の目の前の男に対する愛のまなざしに満ちあふれ、深い共感を表すものでした。主は、ご自分が実際に心を砕いていることをそのろう者に示し、雑踏の外に呼び寄せ、意味のあるいくつかの身ぶりによって、彼に対する親近感と理解を伝えたのです。イエスはご自分の指を彼の両耳に差し入れ、またご自分のつばをつけて彼の舌に触れられました。そして彼自身の内面の目、すなわち心を、ご自分とともに天の御父へ向けるように招かれました。最後にはその人をいやし、家族と仲間のもとへ帰されました。群衆はただ驚嘆の声を上げるのみでした。「このかたのなさったことはすべて、すばらしい。耳の聞こえない人を聞こえるようにし、口の利けない人を話せるようにしてくださる」（マルコ7・37）。

天の御父の愛を示すイエスらしいなさり方で、イエスは身体的なろうをいやすだけでなく、人間にはいやされ、そこから救われるべきもう一つのろうの形態があることを指摘されています。それは霊的なろうです。霊的なろうは神の声にも、隣人の声にも、とりわけ貧しい人々、苦しんでいる人々の助けを求める叫びの声にも、隔ての壁をさらに高くして、人間存在を深くすさんだ自己中心性のうちに閉じ込めてしまいます。わたしは先の九月六日にヴィテルボ教区への司牧訪問の際の説教の中で、次のように申し上げました。

「わたしたちはこの〝しるし〟の中に、自己中心性によって生み出された人間の孤独とコミュニケーションの不能を克服し、新しい人間性、すなわち聞き、話し、対話し、コミュニケーションし、神と交わるというような新しい人間性をもたらそうとするイエスの熱意を見ることができます。神の造られたものはすべてよいのですから、〝よい〟人間性、差別したり排除したりすることのない人間性です。世界が真に、またすべての者にとって〝真の兄弟愛の空間〟になるために」（ヴィテルボ、ファウルヴァレーでのミサ説教、二〇〇九年九月六日）。

残念なことに、わたしたちの経験から見ると、必ずしも聞こえない人々をすみやかに受け入れ、確信をもって連帯し、温かい交わりをもってきたとはいえません。ろう者の人権を守り、促進するための機関が数多く立ち上げられたことが、偏見と差別の顕著な、不満に満ちた社会が存在することの証拠でもあります。嘆かわしい、あってはならない態度が彼らに向けられています。ろう者の尊厳に対する敬意や彼らの社会への完全な統合に逆行する態度です。しかしながら、これを上回るよい動きも広がっています。多くの団体や機関が正当で好意的な連帯意識をもって、教会および市民社会の両方において、聴覚障害者の生活の改善に貢献しています。ここで思い出してほしい大切なことがあります。十八世紀にわたしたちのろうの兄弟姉妹の宗教教育を行うための学校がヨーロッパで設立されていることです。以来、教会の中で、聴覚障害者に教育のみならず、彼らの完全な充足に向けた援助を目的とする慈善団体が司祭、修道者、信徒によって設立されてきました。しかしながら、開発途上国においては適切な政策と法がなく、初期段階で医療的治療を受けるのが難しいために、ろう者が今日なお置かれている厳しい状況があることを忘れてはなりません。実際、ろうは多くの場合、容易に治療しうる病気の結果です。ですからわたしは、国際機関のかたがたとともに政府当局や自治体関係者のかたがたにも、これらの国々においてもろう者の尊厳と権利に対して、ふさわしい敬意が払われ、十分な援助によってろう者の完全な社会参加が促進されるよう訴えます。教会は聖なる創始者の教えと模範に倣って、ろう者のために愛と連帯をもって、司牧上も社会的にもさまざまな方法で率先して行動し続け、苦しみの中にこそ特別な力、人間をキリストに近づける恵みが秘められているという認識のもとに、苦しむ人々に特別に心を配りながら歩み続けています。

聴覚障害をもった兄弟姉妹の皆様。あなたがたは福音のメッセージの受け手であるだけでなく、洗礼を受けたことによって、その正統な伝達者でもあるのです。ですから主の証人として日々を生き、キリストとその福音を伝えてください。司祭年の今年、あなたがたは召命のために祈っています。主が教会共同体の成長のために数多くのよき司祭を与えてくださいますように。

友である皆様。わたしは今日の出会いに感謝するとともに、ここにおられる皆様を愛の母、希望の星、沈黙の聖母であるマリアの母なるご加護にゆだねます。これらの願いをもって、わたしは教皇としての祝福を、心から皆様と、皆様のご家族と、また聴覚障害者への奉仕に献身的に従事しておられるすべての団体に送ります。

クレメンスホールにて
二〇〇九年十一月二十日（金）

ベネディクト十六世

エッファタ！　教会共同体のろう者

ジグムント・ジモフスキ大司教による開会のあいさつ

ようこそ！

今年は「エッファタ！　教会共同体のろう者」のテーマで行われる第二十四回国際会議に出席されている皆様に、教皇庁保健従事者評議会からの歓迎の意をお伝えすることは、まことに喜ばしいことです。

わたしは出席者である皆様一人ひとりにごあいさつ申し上げるとともに、皆様にとってこの会議が有益なものとなり、このローマというすばらしい街で、楽しいひとときを過ごされますよう願っています。

この国際会議を実り豊かなものとするために、ここバチカンにお越しくださっておられる各会の代表のかたがた、委員のかたがた、中心的メンバーのかたがた、そして専門家のかたがたをはじめとして、参加されている皆様に感謝を申し上げたいと思います。わたしたちとともにここにいらっしゃるのはイタリア保健省の副大臣フェルシオ・ファツィオ教授、台湾大使の王豫元様、レバノン大使のゲオルゲ・エル・コーリー様、リバプール大司教で国際カトリックろう者サービス基金会長のパトリック・ケリー大司教様、ポーランド保健大臣代理のモニカ・プルジグチカ夫人、そしてアイルランドの「ろう者に奉仕する司祭団」の指導司祭であるジェラルド・タイエル神父様です。そして、健康上の理由で今朝ここにはおられませんが、わたしの前任の保健従事者評議会会長のハビエル・ロサーノ・バラガン枢機卿様にもごあいさつ申し上げます。フィオレンツォ・アンジェリーニ枢機卿様は、保健従事者評議会の初代議長です。わたしたちがこの会議を終えるまで、わたしたちとともにいてくださるでしょう。この評議会は二〇一〇年二月十一日に創立二十五周年を祝います。

また、他の多くの協力者の中でもとくに、「ろうあ者への小さな宣教会」のサヴィーノ・カスティリオーネ神父様、ワシントン大司教区のマーティン・D・ホーリー補佐司教様、ローマのティベリーナ島ファーテベネフラテッリ病院耳鼻咽喉科相談役のマルコ・ラディーチ教授、ダブリンにおけるろう者司牧担当者フランキー・ベリー女史、教皇庁家庭評議会のホセ・ギエルモ・グティエレス・フェルナンデス神父様、国際カトリックろう者サービス基金の事務局長であるテリー・オメーラ氏のお名前を挙げさせていただきます。

最後になりましたが、世界保健機構（WHO）の視覚障害・聴覚障害の専門家シルヴィオ・マリオッチ博士がジュネーブから特別に来られています。また、この複雑ながら重要な分野に多大な関与と貢献をささげてきた多くの信徒団体と修道会の代表者のかたがたも来られています。

そしてここには、五二〇人以上の参加者の皆さんがおられます。なかでもろう者の皆さんと、ろう者に愛と技術で奉仕する働き手の皆さんは、世界五大陸すべてから六十か国以上の国を代表してここバチカンに来られています。ここに来るために、どの国のかたがたもさまざまな困難を乗り越えてこられたと思います。参加国の名を挙げさせていただきます。

アンゴラ、アルゼンチン、オーストラリア、オーストリア、ベルギー、ベナン、ブラジル、ブルキナファソ、ブルンジ、カンボジア、カメルーン、カナダ、チリ、中華民国（台湾）、コロンビア、コンゴ、コンゴ民主共和国、クロアチア、エクアドル、エルサルバドル、フランス、ドイツ、ガーナ、イギリス、ギニア、オランダ、聖座（バチカン市国）、ハンガリー、インド、インドネシア、アイルランド、イタリア、コートジボワール、日本、ケニア、レバノン、レソト、マダガスカル、マレーシア、マリ、マルタ、メキシコ、モザンビーク、ニュージーランド、ナイジェリア、フィリピン、パレスチナ、ペルー、ポーランド、ポルトガル、ルーマニア、ルワンダ、スロベニア、スペイン、韓国、スイス、トーゴ、トリニダードトバコ、ウクライナ、ウガンダ、アメリカ、ベネズエラ、ザンビア、ジンバブエ。

さらに、通訳者のかたがた、とくに四つの公的手話言語（スペイン手話、イタリア手話、イギリス手話、アメリカ手話）相互のコミュニケーションに携わる手話通訳者の皆さんにも感謝いたします。わたしたちが三日間にわたる、教会、保健、社会におけるろう者の現状の分析と学びに参加できるのも、こうした手話通訳者の働きのおかげです。わたしたちはカトリック教会の中のろう者の人口を一三〇〇万人と推定しています。全世界のろう者数は二億七、八〇〇万人、そのうち五分の一が重度のろう者ということです。このことは開発途上国にとってはとくに深刻な現実です。全世界のろう者の八〇パーセントが開発途上国に生活し、千人に二人の新生児に聴覚障害があるからです。

ですから、わたしたちはろうの予防と治療の問題について取り組むつもりです。ろうの原因になる、はしか、猩紅熱《しょうこう》、髄膜炎などの病気のこと、また補聴器あるいは人工内耳のような利用可能な補助形態に関連する問題を話題にします。

また、ろうの問題の心理学的、社会学的側面を、教育と家族にかかわる側面、教会にかかわる側面を含めて分析します。司祭年にあたり教会は今年、司祭に特別な関心を払っていますが、信徒および奉献生活者の観点からも分析します。わたしたちは、かなりの数の神学生、司祭、男女修道者に手話訓練が必要だということを含め、大きな課題が数多く存在することはすでに知っています。これを達成するための最善の解決策を探したいと思います。

金曜日の朝にはベネディクト十六世教皇に謁見がかなうことになっています。会議はさらに盛り上がることでしょう。

今回の第二十四回国際会議は、実に豊かで、盛りだくさんのプログラムを組んでいます。さまざまな文化的背景をもった経験を検証し、成功のための要件を導き出し、聴覚障害をもつすべての人が完全に社会に統合されるための有効な道筋を探し求めるための、特別な機会になることを想定しています。

この会議でわたしたちの旅路を照らすのは、疑いなくマルコによる福音書に語られているろうの男のいやしです。本会議ではこの物語を出発点に据えています。イエスは「エッファタ！　開かれよ！」といわれました。福音書のこの記述は、この会議にかかわるすべての疑問と課題を包含する象徴的な箇所と考えられます。人となられた神が苦しみに近づき、み手をもってそれに触れ、それに打ち勝たれたのです。

今年公布二十五周年にあたる使徒的書簡『サルヴィフィチ・ドローリス』は、苦しみの救済的価値を強調するのに加えて、わたしたち皆によきサマリア人のようになるよう、呼びかけています。よきサマリア人は、傷ついた人、困難の中にいる人を助けるために歩み寄りました。すなわち、わたしたちにも善を行うように呼びかけています。とくに聞こえない人たちのことに関していえば、歩み寄りなさいと呼びかけているのです。聞こえない人の多くは、今でも孤独な境遇に置かれていると思います。

本会議は国際会議であり、組織レベルでの多大な努力を必要としました。願わくはこの会議が一粒の種となって成長し、豊かに実をつける木に変わりますように。

沈黙の聖母が、ろう者の生活、とくにろう者の教会における生活を改善するためのわたしたちの仕事を助け、支えてくださいますように。

沈黙の聖母の助けをいただいて、わたしはこの第二十四回国際会議の開会を宣言いたします。

ここで、総合司会者である保健従事者評議会次官のホセ・L・レドラード司教に交代することといたします。

H. E. Msgr. Zygmunt Zimowski
教皇庁保健従事者評議会議長

ハビエル・ロサーノ・バラガン枢機卿あいさつ

保健従事者評議会議長のジグムント・ジモフスキ大司教様にごあいさつ申し上げます。併せて今この教皇庁評議会の国際会議に参加されておられる皆様にも心からごあいさつ申し上げます。また、とくにリバプールのパトリック・A・ケリー大司教様にごあいさつ申し上げます。聴覚障害者の世界への福音宣教の仕事における大司教様の大いなる司牧的熱意は、わたし自身もそれに触れさせていただき喜びを感じたところです。教皇様がこの会議が保健事業にかかわる司牧というたいへん重要な分野を取り上げることを認めてくださったことについて、ケリー大司教様にお喜び申し上げます。

わたしはこの国際会議がその直接的な司牧上の意義に加えて、普遍的な価値を得ることを希望いたします。わたしたちの社会が「耳を開き」、イエスのみことばに耳を傾け、イエスこそが文化のあらゆる面において唯一まことの根源の価値であると宣言することばを、イエスから受け取る必要があることが理解されるように。

H. Em. Card. Javier Lozano Barragán
教皇庁保健従事者評議会名誉議長

パトリック・A・ケリー大司教あいさつ

わたしはここローマで神学生だったころの、ある日のことをいつも思い出します。教授がヨハネによる福音の学びを助けてくださっていました。二週間にわたって次の手話表現について学びました。

——初めにみことばがあった。
——みことばは神とともにあった。
——みことばは神であった。

ところが、その後教授はわたしたちのところに来て、手話でこういわれました。——二週間前のノートに線を引いて消してほしいところがあります。わたしは聖ヨハネの教えを読み直してみました。「みことば」は、神に「向かっている」という手話を使って表す必要があることが分かりました。聖ヨハネがPROS（πρὸς＝とともに）ということばを使うときには、いつも「向かって」という意味で使っているのです。したがって、前にお教えした三行は次のようになります。

初めにみことばがあった。

みことばは神に向かっていた。

みことばは神であった。


みことばは神に向かう愛なのです。

みことばは死んだものでも、冷たいものでも、退屈なものでもありません。

みことばは切実に愛を求めることです。あえていうとピルグリム、巡礼者です。

そしてこのみことば、この手話、この愛、この巡礼者は、肉となってわたしたちの間に住まわれたのです。

そのことがヨハネ福音書が七つの旅として語られている理由です——と、わたしたちの教授は説明してくださいました。最後の旅は、わたしがわたしの神、あなたの神のもとに昇ること、わたしの父、あなたの父のところへ昇っていく旅です。

わたしは今日ここに至るまでに不思議な旅をしてきました。まず三十年以上も前に、イギリスのある大司教様が、ミサのために祈りの準備をするのを手伝う係にわたしを選びました。BSL（British Sign Language イギリス手話）による祈りでした。わたしは祈りの手話表現でろうの兄弟姉妹にミサのすばらしさを、部分的にでなく全部示すよう注意を払いました。わたしはその責任を果たしました。その祈りはここローマで、BSLを自分の手話言語として使っている人たちに、よいもの、真実なものとして受け入れられています。

その後、わたしは選ばれて司教になりました。マンチェスターでのわたしの前任の司教様は、ろう者とともに歩んで来られたかたでした。ろう者の中でろう者とともに歩むわたしの旅はさらに前進することになりました。そしてイエスはわたしに、来る年も、来る年も、全世界のろうの兄弟姉妹とともに歩むという恵みをくださっています。わたしはグァダルーペ、フロリダ、ワシントン、オランダ、アイルランドへ行きました。そして今、ローマに来ています。教皇様のお近くにいることによって強められるためです。ここに参加できてうれしく思います。

わたしたちとともに今ここにおられるかたがた、またすでに天におられるわたしたちの主のもとに最後の旅をしたかたがた、その他数多《あまた》の善意のかたがたの名において、わたしは教皇様に、この会議という贈り物をくださったことに感謝申し上げます。

近々列福が宣言される予定のニューマン枢機卿のことばにあります。「あなたの力は、こんなにも長いことわたしたちを祝福してきた。だからこれからも、なお確実にわたしたちを導き続けるはずです」。

H. E. Msgr. Patrik A. Kelly
イギリス、リバプール大司教
国際カトリックろう者サービス基金（ＩＣＦ）会長

第一章　世界のろう者——過去から現代まで

1　世界のろう者——過去から現代まで

サビーノ・G・カスティリオーネ

わたしは「ろうあ者への小さな宣教会（The Little Mission for the Deaf and Dumb）」という修道会の会員であることを誇りに思っています。この会ははるか昔の一八七二年に、ひたすらろうあ者を教育することを目的に、ジユセッペ・グァランディ神父とその兄弟チェザル神父によってボローニャで創立されました。その会員であるわたしのような者にとって、皆様とともにこの場にいることは、とても大きな喜びです。なぜなら、教皇庁保健従事者評議会によって初めて開催されたこの国際会議の光のもとで、わたしたちはろう者を、キリストの教会の生きた手足として認識しているのですから。

この重要な認識のもとに、重く深刻な障害で、目に見えない感覚障害をもったろう者に関心が向けられます。こうしてろう者に関心を向けることによって、一方でわたしたちは彼らの痛ましく多難な過去に同情を引き起こされ、他方で教会がろう者の世界に対して、過去何世紀もの間、教育、典礼、司牧の分野において、時代と社会状況に応じてさまざまなかたちと方法で働きかけを行い、配慮しようと模索してきたことに気づかされるのです。ここにお並びの有資格の代表者の皆様のおかげです。

話を続ける前に、聞こえない世界にあまりなじみがないかたがたのお役に立つと考え、わたしはこの障害をもつ当事者に光を当てていくことにします。ろう者とはだれなのでしょうか。聞こえる、あるいは聞こえないということは、その人にとって何を意味しているのでしょうか。人生において、聞こえという能力にはどのような意味があるのでしょうか。

これらの問いには次のように要約して答えることができます。ろう者は生物学的には末梢的なものである聴覚器官を壊された聴覚障害者であるということを除けば、知的な面では正常な人間です。人間は聴覚を通して自分だけの存在の狭い世界から外へ抜け出し、自分を取り囲んでいる他者の思考と心、また世界と接触するのであり、音声言語を通して人間家族の一員となります。さらに聞こえるおかげで、思考、反応、感情、命令、警戒、脅威、指示について、個人や集団の間での伝達とやり取りを、制限なしに、たえず滞りなく行うことができます。聞くことができるということは、五感のうちでも主要なものです。それは、人間を最大限に社会的存在たらしめるからです。耳を通してわたしたちは、自分を取り囲む現実からもたらされる情報の八〇パーセントを受け取っています。耳は各人にとって、世界への窓なのです。一定の方向性や認知という、いわば視野がある目とは異なり、聴覚はすべての方向からの振動や音によって刺激されます。そして障壁――静けさという障壁――としてのろうは、視力以上に、聴力を損なわれた人と周囲との会話を阻みます。彼らから情報のメッセージを奪ってしまい、孤立させてしまうのです。作家で生後十九か月のときに盲ろう者になったヘレン・ケラーはあるときこういっています。「わたしをもっとも苦しめているのは聞こえないことです。なぜなら、わたしは目が見えないことで事物から引き離されていますが、聞こえないことで周囲の人間から引き離されているからです」。

数字が語るもの

世界保健機構（ＷＨＯ）によると、

■世界の子どもたちの千人に一人がろうとして生まれるか、幼少期にろうになる。

■保健予防計画をもたず、必要とされる予防接種を実施していない開発途上国ではその比率は上がり、ろうとして生まれてくる子どもは千人中約二人となる。

■千人中一〇・五人が何らかの聴覚障害に苦しんでいる人たちの世界人口に占める比率である。

■世界人口を七〇億人とすると、われわれがいかに重要な社会的問題に直面しているかを認識するのに、難しい計算は必要とされない。

■ろうを引き起こす原因の中には、遺伝的特性の原因に加えて、次のようなものがある。髄膜炎、耳感染症、近親結婚、耳にダメージを与える薬品の過度の使用、出産外傷、はしか（ろうになる原因の四〇パーセントを占める）。

振り返り

ろうの子どもの舌のもつれは、それが解けてその子が正しくしゃべれるようになるために、無理にでもほどかれなければならないという発想（マルコ7・31―37参照）は、大昔の残酷な医療行為の慣行の一つです。医学とそれに関連する技術は前世紀の初め以来大きく進歩しており、ろうを引き起こす病気の原因を取り除き、ろうにつながる問題は解決され、結果的にろうで苦しんでいる人の生活の質は改善されているといえます。

その意味において、補聴器（とくに最新世代の補聴器は小型化され、背後の雑音を消すことができます）、人工内耳、耳の顕微鏡手術が思い当たるはずです。

そのほか、この数十年には、聴力を失っている人々の生活を実に大きく変えた電信技術の驚異的な進歩があります。ＳＭＳ《ショートメッセージサービス》でのメッセージ機能や携帯電話のビデオ通話によってもたらされる可能性を思い起こせば十分です。

この状況は以下に述べるように要約することができます。すなわち、ろう者が双肩に担う、基本的な意味で周囲の世界とのかかわりの可能性を阻害する障害の重荷は、一方では、社会、家庭、宗教の領域における、生活についてのより現代的な思考により、他方では技術の進歩により、軽減されてきたのです。しかし、それはいつもそうだったのではありません。

過去数百年もの間、ろう者の人間としての境遇は、ほとんどの場合、無理解、孤立、日常的なわだかまりに阻まれる、苦しいものでした。ろう者に教育や社会的役割を与えることは、現代社会になって始まったものです。実際、古代においては文芸作品の中で言及されるいくつかの個別のケースを除いて、ろう者は教育を受けていませんでした。家庭内教育と学校教育の不足から、ろう者は知的障害者と同じレベルの存在としてしか見られてこなかったのです。

ルネサンス期にはろう者の教育が始まりましたが、それはごくわずかな幸運な人のものでした。彼らは富裕な人々、身分の高い人々の子女でした。スペインのベネディクト会士ペドロ・ポンセ・デ・レオン（一五一〇―一五八三）による最初の教育的見識自体も、エリート層から生まれたもので、スペイン貴族のヴァレスケス家の二人のろうの子どものためのものでした。

中世まで、聞こえに障害がある人々は、とらわれのうちにありました。それは聞こえないこと、話せないことによるだけではなく、以下の一連の偏見に基づくものでした。その偏見とは、(a)心理学的・認知的偏見。ろう者は健全な知性をもつのに十分な認知力をもたないと思われ、それゆえ、教育や指導を行っても効果がないと考えられていました。(b)臨床的・生理的偏見。聞こえないことと話せないことは別個のものとみなされていました。臨床的認識から、それが単体の障害、すなわち「ろう」という障害であり、結果的に話せないという障害を引き起こすのだという所見が欠けていました。明確な診断基準がなかったため、本格的な教育プロセスも始められることはありませんでした。(c)法律上の偏見。ろう者は「責任能力に欠ける」とみなされた人々と同じレベルに位置づけられ、たとえば遺産相続のようなある種の法的行為を行うことはできないと断定されていました。(d)宗教的偏見。ろう者は教育不能な劣った人々であり、「まことの信仰」の知に達することはできないとみなされていました。

かなりの年月の後、先述のスペインのベネディクト会士ペドロ・ポンセ・デ・レオンは、スペイン貴族の二人のろうあ児を教育、指導し、優れた結果を出して、心理学的・認知的偏見を覆す重要な功績を残したことが認められています。ジェローラモ・カルダーノ（一五〇一―一五七六）という学者は臨床的な偏見を覆す業績を上げました。カルダーノは自分の子どもがろう児であったため、聞こえないこと、話せないことに関心をもったのです。彼は「聞こえないことと話せないことの間には因果関係があり、先天性のろう児は必然的に、また唖児である（Sudus decine mutus）」と述べて、今日の聴覚学の基礎を打ち立てました。この学者は、ろう者の学習プロセスは、視覚による代替感覚の作用原理を軸に、すなわち、音響のイメージではなく視覚による動的なイメージに基づいて行う必要があると考えました。このことは当時においてはとても重要なことでした。カルダーノはこう書いています。「ですから、ろう者は読んでいるときには聞いており、書いているときには話していると考えて間違いありません」。

代替感覚に基づいて、ろう者でも教育されうるという基本理念が確立され、十八世紀に初等学校の開校とともにろう教育が始まると、ろう者の指導方法をめぐる選択の時代が始まりました。こうして、いろいろな教育方法が生まれました。これらの中で普及したのは、フランスの学校の手話法とドイツの学校の口話法でした。これら二つの主要な教育方法およびシステムをめぐっては、それぞれの支持者たちが対立し、論争しており、それは今日なお続いています。

こうして十九世紀が始まり、ヨーロッパ、アメリカ合衆国、オーストラリア、ニュージーランド、カナダ、ラテンアメリカで、それぞれの政府は、聴覚障害をもつ人々がまず義務教育を受け、そのうえで仕事をもつことを想定した法案を作ることを始めました。

一九五一年九月二十一日にローマで、世界ろう連盟の設立宣言が署名されました。

毎年九月第四日曜日に「世界ろう者デー」を祝うというユネスコの決定は、この設立宣言に由来しています。

それからわずか二十年後、一九七一年八月にパリで開催された第五回世界ろう者会議において、「聴覚障害者に関する権利の宣言」が採択され、公表されました。

そのパリ会議は、手話が、音声言語によっては自分の意志を表現することができない人々にとって必要不可欠な表現手段であるという認識の基礎も確立しました。手話は音声を除き、言語が備えるすべての特徴をもっていることが認められたのです。

どの国にも、サインを使って体系化された独自の手話がありますが、世界ろう連盟は専門家のグループに委託して、後に「ジェストゥーノ（GESTUNO）」と名づけられた国際手話を考案しました。

興味深いことに、手話が使われたことを記す最初の歴史的な文書の中には、ろう者だけではなく、聴者の間でも手話が使われたという記述が見られます。

戒律により沈黙を義務づけられた修道者たちは、修道院の中では三二八年まで手話を使っており、その後沈黙の修行が緩和されたにもかかわらず、今なお使っています。中世において、さまざまな修道院から集められたサインは、平均四〇〇個にも達しています。

修道院のリストに挙げられたサインの数が多いほど、沈黙の戒律も厳しいものになっています。これらのサインがろう者によって使用されている多くの手話言語とは異なるものであったことは、当然のことです。

宗教的偏見の克服

すでに見たように、ろう者が長年耐え忍んできたさまざまな偏見の中には、不幸にして宗教的偏見もありました。

ろう者は音声言語の世界と会話を交わすことができず、普通の人たちの指示から得るところがないのだから、ましてやはるかに抽象的で求めるところが厳しい超自然的なかたの指示など理解できるはずがないといわれてきました。

事態をさらに複雑にしたのは、聖パウロのローマの信徒への手紙の一節を、一部の神学者たちが誤って解釈したことです。そこで使徒パウロは次のように書いています。「実に、信仰は聞くことによって始まるのです(Igitur, fides ex auditu)」(ローマ10・17)。

当時の論理と誤った結論は、聞く能力をもたない者は結果的に、信仰に達することができないということでした。

それ以降の時代の批評家たちの解釈は、神学者ロッティが一八七九年に出版された自著の中で明言したのと同様の、否定的な影響をもたらしました。ロッティは次のように述べています。「神学者たちは次の点で合意している。すなわち、聖体は生まれつきのろう者には与えられるべきではない。なぜなら、彼らはいつまでも幼児のままであり、ゆえに教会の普遍的実践においては、彼らに死の危機が迫っているときでさえも、教会が彼らに秘跡を行うことは禁じられている」。そしてこのような見解はすべて、教会の権威者たち、すなわち教皇や聖人たちが、これとはまったく異なる方向で行動し、自分の意見を表明していたにもかかわらず、出てきたものなのです。

このような強い偏見にもかかわらず、教会は、いわば魂の牧者として、決してろう者の司牧をやめるということはありませんでした。

わたしたちはおのずと、この数世紀にわたって、世界の至るところで、高潔な聖職者のかたがたと、ろう者の人間的、霊的、道徳的、教育的養成に努めることを目的として創立された男女修道会が、大輪の花を咲かせることで、カトリック教会を代表してきたことに思いを致さずにはいられません。

ひいては、そうする必要があるならば、教会の中ではさまざまな宗教的偏見がすべて完全に克服されていることの明らかな証拠は、ろうの司祭が多数叙階されることだと付け加えたいと思います。このことこそが、他のいかなるものにもまして、教会がろう者と、彼らが実際に有している能力に対して、配慮、愛、尊敬、信頼を抱いていることを示すあかしなのです。

今日の集会は、今この時間にも世界各地で働いている一三名の耳の聞こえない司祭を代表して、ろうの兄弟である司祭数名にも出席していただき、光栄に思います。

彼らの存在は、一方でわたしたちに喜びと希望を与え、他方でイエスのうめき——実際には「エッファタ！」——「開かれよ！」というイエスの叫びがわたしたちの身近に、また世界中にいるすべてのろう者の心にこだまするよう、わたしたちにより多く、よりよく働くよう促すのです。

最後になりますが、教皇ピオ九世の勧めにより、自尊心をもつすべての人と同様に、ろう者も聖フランシスコ・サレジオ司教を守護の聖人としています。毎年一月二十四日が記念日です（しかし北アメリカではイエズス会のカナダ人殉教者でろう者であったルネ・グピールを、アングロサクソンの国ではベバリーの聖ヨハネ・デ・ブレブーフをろう者の守護聖人として崇敬しています）。

Rev. Savino G. Castiglione
イタリア、「ろうあ者への小さな宣教会」司祭

参考文献

Selva L., *Scuole e metodi nella pedagogia degli anacusici*, Collana Effeta, Bologna.
Scuri D., *Psicologia e Pedagogia emendativa del sordomuto*, Sc. di metodo 'T. Silvestri, Roma.
Elmi A., *Pedagogia speciale: Il profilo dell'anacusico*, Padova, La Garangola.
Roetti A., *Dei sordomuti dalla nascita alla SS. Eucarestia*, Giachetti, Firenze.
Keller E., *La storia della mia vita, Modena*, Edizioni Paoline.
Vacalebre L., *Rapporti tra sordità infantile ed integrazioni psicosensoriali*, Torino, Minerva Med.
Zatelli S., *Psicopedagogia dell'Audioleso nell'età evolutiva*, Omega Edizioni.
Magarotto C., *L'istruzione e l'assistenza dei sordi in Italia*, Roma ENS 1975.
Atti del Congresso Mondiale della FSM: Washington DC 1975, Nad-USA.

2　教会共同体におけるあるアメリカ人ろう者

パトリック・グレイビル

主よ、わたしたちのために大きなわざをなし遂げてください。
わたしたちは喜び祝うでしょう（詩編126・3）。

神がわたしたちのために創造のわざを続けておられることは大きな喜びです。そうです、わたしたちを取り囲むすべてのものは、神の現存を思い起こさせます。

わたしは今日この日が、わたしたちの普遍教会にとって、新たな聖霊降臨《ペンテコステ》であると信じています。スペインのレデラード司教がろうのカトリック信者の願いがもっと教会の関心の最前線に引き出されるようにと強く表明したという知らせを聞いたとき、わたしたちろう者、わたしたちの家族、そして仲間たちは歓喜で満たされました。このすばらしい司教を通して働かれる神のおかげで、この会議は実現しています。この会議は、神が現存しておられるしるしです。

エッファタ！　開かれよ！　イエス・キリストのこの命令は、わたしたちろう者だけでなく、わたしたち以外のすべての人々にも向けられています。神に向かって自分を開くことは、他者、とくにさまざまな困窮の中にいる人々に心を開くことになります。もしかすると、困窮の中にいる人々の中には、聞こえるということがどういうことなのか、まったく見当もつかないという人と出会った経験がないかたもおられるかもしれません。今日皆さんはわたしと出会いましたが、わたしは生まれたときから完全なろう者です。わたしは聴者のカトリックの父と聴者のプロテスタントの母との間に生まれました。母はわたしの妹の初聖体を機に、カトリックに転会しました。わたしの両親は予期せず、二人のろう者でない娘に加えて、五人のろうの子どもを産みました。両親と聞こえる二人の姉妹にとって、わたしたちろうの兄弟は神のたまものだったと、わたしは信じています。両親と聴者の姉妹たちは、わたしたちやろう者の生き方を学んでくれています。

エッファタ！　わたしは、わたしたちろう者が普遍教会にとってたまものであることを心の底から信じています。しかしながら、この短い原稿の中でこの真理をどう説明すればいいでしょう。アメリカ人カトリックろう者としてのわたしの七十年に及ぶ歩みと、わたしのろう文化とのかかわりを二十分以内という短い時間に凝縮して語るのは、らくだが針の穴を通るように難しいことです。もしできたら奇跡です。

エッファタ！　わたしの課題の一つは、ろう者としての自分に忠実であること、皆さんのためになりたいという責任感を抜きにして、自分を開くことです。まことに神は、わたしたち皆を平和と喜びの国へ導いておられるただ一人のおかたです。わたしたちろう者がどのようなものであり、どのようなたまものを教会にもたらしているか、いつもどのようなことで困っているか、教会に何を望んでいるか、お話しさせてください。

わたしたちろう者にとってありがたいことに、このホールは照明がよく効いています。わたしたちは視覚に依存しています。豪華なレストランや高級ホテルの宴会場は、親密な関係やロマンスのムードを醸し出すためにしばしば薄暗くしています。しかしわたしたちろう者は、そのような不公平なかたちに不平をいうことも少なくありません。わたしたちは両手——実際には両手だけでなく、両目、眉毛、口の動き、うなずき、額のしわなどは、音声の抑揚に相当する信号です——を使って会話をしている間は、互いに顔を見合わせる必要があります。同様に薄暗い教会にも、がっかりしてしまいます。朗読者、手話通訳者、説教者が手話でわたしたちに向かって話しているのが見にくいからです。ミサで、通訳者は祭壇から離れて立つようにと、司式司祭が求めることがあります。そうすると、ろう者は祭壇を見ながら同時に通訳者を見るときに、首を回さなければならなくなります。カトリック信者としての信仰を放棄せず守ることは、わたしたちにとって一つの課題なのです。

参考までに申し上げますと、アメリカにはろう者および難聴者が二、六〇〇万人います。しかし、これらの聴覚障害者のうち、文化的デフ・コミュニティ（ろう社会）のメンバーとして自分を認識しているのはわずかな割合にとどまります。これらの人々はカナダのろう者の大部分を含めて、アメリカ手話（American Sign Language 一般にＡＳＬとして知られているもの）を使っています。それぞれの国には独自の手話があるので、ＡＳＬは万人に共通の手話ではありません。ＡＳＬには書きことばの体系がありません。わたしたちは生活にかかわることを書くのには英語を借用しています。ＡＳＬは簡単な言語だと思われるでしょうが、実際には複雑な三次元の言語です。ＡＳＬを学び始め、流暢に使えるようになるまでには三年から七年はかかります。ＡＳＬがたどった歩みは生やさしいものではありませんでした。ＡＳＬが法的に認められた言語になるまでの道程は長く困難なものでした。アメリカ人ろう者の生活様式や言語を知るためにも、ＡＳＬの歴史を学び、理解する必要があります。手話は何世紀もの間、世界中で使われるようになっていたにもかかわらず、実用的な言語として認められるようになったのは、わずかここ四十年間のことです。ＡＳＬの歴史を知らないまま、自分がろう者（Deaf）であることを受け入れていなかったら、わたしは今日あるところの自分――プロの役者、演劇および文学の大学教授、二十七年間にわたる終身助祭、聖トマス大学の旧約・新約およびろう文化の双方の教授になることはなかったでしょう。その聖トマス大学ではろう者および聴者の司牧従事者に対して、ろう者と難聴者が司牧専攻の修士号を取得する機会を提供してきました。さらに、教会の中に、司祭、助祭として、信徒の司牧従事者として、カテキスタとして、朗読奉仕者として、聖体奉仕者として指導的役割を引き受けることのできるろう者たちがいることをわたしたちは知っています。アメリカには現在、一一人のろうの司祭、七人のろうの助祭がおり、カナダには三人のろうの助祭がいます。神のみ心により、ろうの神学生が一名、二年以内に叙階される予定です。実のところこうした聖職に携わるろう者の数はとても少ないように見えますが、いくらか前進しているのが分かることは、とても喜ばしいことです。一言でいえば、ＡＳＬを通してイエスの福音を学び、示し、理解することは胸躍ることです。この言語は教会への神からのたまものであり、そこには、目に見えるということ、そして、わたしたちろうのカトリック信者の信仰の旅路における経験の物語が含まれています。この旅路はある意味で、約束の地に向かう途上のユダヤ人の荒れ野の体験に似たものです。

わたしたちは困難、課題に直面しても、信仰という福音を祝っています。経済、文化、社会、人種といった、わたしたちろう者の背景はさまざまです。英語を使う力、理解する力が増すに従い、ＡＳＬを使い、理解する力も増していきます。わたしたちはＡＳＬを用いて直接コミュニケーションすることを好みますが、大抵は手話通訳者の助けを借りて、間接的にコミュニケーションしています。非常にしばしば聖書のことばを英語からＡＳＬに翻訳する必要があるのですが、それには訓練が必要です。わたしは運よくそうした訓練を、専門の学校に通わずに受けることができました。わたしはそのための訓練を、演劇の通訳や、ルカ福音書、ヨハネ黙示録、マルコ福音書の手話への翻訳で語り手になること、朗読奉仕者や手話通訳者の指導者となること、そして何よりもＡＳＬで説教できる助祭として活動によって受けてきました。さらにＡＳＬの関係の四人のろうの専門家からなる優れたチーム、典礼にも通じている神学の教授資格をもつ司祭、ろうの娘をもつ教会法学者、そして感謝の祭儀での会衆の応答をラテン語からＡＳＬに訳す三人の手話通訳士と一緒に働いているのはうれしいことです。わたしたちの仕事はゆっくりではありますが、確実に前進しています。この活動は、ＡＳＬでの典礼、宗教教育、秘跡の準備、夫婦カウンセリングあるいは婚前カウンセリング、黙想会、その他の教会が提供する行事を、わたしたちが必要としていることから生まれるのです。カテキズムを教えたり、受けたり、病気のろう者を見舞ったり、秘跡を受けたりすることがＡＳＬでなされることを、わたしたちは切望しているのです。

一般にわたしたちろう者は、若干の例を挙げるだけでも、学校運営、教育、科学、技術といった、あらゆる分野で専門家になっています。なぜ教会には、専門的役割を担うろう者がもっといないのでしょうか。この会議により、指導的役割を担うろう者がもっと増えることが望まれています。わたしたちは司牧、信仰教育、手話通訳のろうの専門家がもっと出てくることを待望しています。せめてろうの司教、枢機卿、教皇が出てくることを夢見ている人はいませんか。夢が大きすぎるでしょうか。

Rev. Patrick Graybill
アメリカ、イリノイ州、助祭、ろう者

3　ろう者の精神世界

マリアン・バース、コンスエロ・マネロ・ソト

発表を始めるにあたって、タイトルを「聞こえないこと（deafness）の心理学」から「ろう者（Deaf People）の精神世界」に変更したことについて一言申し上げたいと思います。ことばの使い方は重要でないと思われるかもしれません。しかし、人に向けて使うことばや呼び名のインパクトを分析すれば、その重要性は大きいものです。聞こえないことについて語るとき、わたしたちはそれを、病気、治さなければいけないものとして見ています。聞こえないことの心理について語るとき、それを病理学的な観点から、何か悪いものとして見ています。しかしながら、それをろう者の精神世界として捉えると、聞こえないその人物を、またその文化と世界はどのように定義されるかを見ることになります。その人物を見るのであって、その聴力のデシベル数を見るのではありません。

ろう者の精神世界とは何でしょう。どのようなタイプの世界でしょうか。その世界は、視覚的言語、文化、教育、心理学、社会学、色眼鏡、病だという見方、抑圧、偏見、差別、固定観念化、音声言語中心主義、

聴能主義《オーディズム》（訳注＝原語は audism であり、聴者がろう者・難聴者より優れているという信条と、それに基づくろう者・難聴者に対する差別・偏見をいう）、連帯、習慣、伝統、家族、虐待、依存症、信仰、驚きの物語、真実の愛、個性、ろう者としてのアイデンティティのある世界です。一言でいえば、ろう者であることは一つの存在様式なのです。

ろう者の精神世界を見渡すと、その世界には多様な観点があるのを見いだすことになります。ろう者のろう者観、ろう者の聴者観、聴者のろう者観です。ろう者の精神世界の探求を始めるに際して、基本的な情報の概略を述べる必要があります。すなわち、ろう者（deaf）と**ろう者**（Deaf）（訳注＝本章では deaf と Deaf を区別し、後者はゴチック体で示す）の対比、病理学的／医学的観点と文化／文化的観点の対比、そして自文化中心主義、聴能主義についての概略です。

聴力を失ったこと、聞こえないということを語るとき、そこには誤った通念が満ちています。とくに注目すべきは「ろうあ」ということばです。ろう者は聞こえないのだから、話すこともできないと思い込んでいる人は多いです。四十歳のときに聴力を失った人の場合を考えてみてください。そういう人は話すことができます。生まれつきのろう者も、言語治療を通して話せるようになる場合もあります。話す声の調子や大きさは、聴者のそれとまったく同じではないかもしれませんが、音とことばは出せます。言語は音声言語だけではありません。言語は感覚、身ぶり、動作、まなざし、芸術的表現、書くこと、信号、記号などを含めたさまざまな手段を包括する幅広い概念です。聴者は音声言語にのみに頼りがちで、言語の他の方法を使えば創出できるはずの潜在能力を発揮できずにいます。

この発表の中で「**ろう者**」は、耳が聞こえない人の総称としての「ろう者」から区別して、自身を「ろう文化に属する者」の意味の**ろう者**として自覚し、その文化固有の手話を使い、自分たちのろう文化を受容している人たちのことを指します。「ろう者」は、医学上の診断である、聴覚がないことを表します。わたしたちの世界、社会、民族が多様であるように、**ろう者**の世界、ろう者も多様であり、その精神世界も多様です。

ろう者はどこででも、複雑で豊かで、多面的な社会を構成しています。聴者にそれぞれユニークで生まれもった性格があるように、ろう、難聴、中途失聴、または盲ろうのいずれにせよ、ろう者も同様です。すべての「ろう」者が、同種あるいは異種の何らかの要素を人間の活動の場にもたらしています。

【訳者補足】

後掲参考文献中にある Paddy Ladd, *Understanding Deaf Culture; In search of Deafhood*, 2003 の用語解説（森壮也監訳『ろう文化の歴史と展望――ろうコミュニティの脱植民地化』明石書店、二〇〇七年、三〇頁）を以下に引用しておく。

ろう者／ろう者（deaf／Deaf）

小文字の「ろう者」は、その人にとってデフネス《聞こえないこと》が主に言語病理学的な経験である人々のことを表す。これは主に聴力の一部もしくはすべてを人生の初期あるいは後期に失い、通常、手話を使うデフ・コミュニティとの接触を望まず、付き合いのある多数派社会の一員であり続けようとすることを好む人々に使われる。

大文字の「ろう者」は、先天性のろうであるか、子ども時代の初期（ときには後期）に失聴した人を表し、彼らにとって手話、ろう集合体のコミュニティと文化は、彼らの原初的な経験と忠誠心を象徴している。彼らの多くが自分の経験を本質的にはほかの言語的少数者の経験と似たものだと考えている。

ろう者（Deaf）／聞こえないこと（Deafness）

「ろう」ということばは理解しやすく、説明しやすいことばであるように見えます。しかし実のところ、「ろう」者は社会的にもっとも誤解されている人々に数えられます。聞こえないことは病理学的観点と文化的観点の二点から捉えることができます。病理学的観点からは、聞こえないことは聴覚科学上、治療する必要がある欠陥であり、悪いもの、壊れたもの、ゆえに「傷ついたもの」とみなされます。病理学的な状態としての聞こえないことを捉えたもっとも強烈で生々しい事例は、一九三三年から一九四五年にかけてろう者の被った優生学とホロコーストの体験でした。この時代には安楽死法とT4計画の成立により、何千人ものろう者が安楽死を強要され、絶滅へと追いやられました。理由は彼らがろう者であったからです。あの時代、あの場所では、聞こえないことはまさしく病的なことであり、絶滅させる必要があるとみなされていたのです。

二十一世紀になって、聞こえないことをめぐる二つの考え方が顕著になり、ろう者の運命を決定づけるべく対立しています。一方はろう者を障害者のカテゴリーに属するものとみなし、他方は言語的少数者に属するものとみなします。とくに後者の考えやカテゴリーに言及する際には、Deafと大文字で表記するようになりました。聞こえないことを障害として捉える考え方の中では、聞こえないことは聴力の喪失、沈黙、個々の人の苦悩、その人固有の欠陥、大きな障害の克服達成に関連づけられています。言語的少数者として捉える考え方では、聞こえないことは、独自の言語、歴史、文化、社会集団、一連の社会機構と関連づけられています。前者の考え方やカテゴリーでは、聴覚専門医の診断を受けたうえで、子どもが特別教育を受けるかどうかを決定する、聴覚学上の判断基準に支配されます。世界のほとんどの国で、聴覚学と特別教育は密接に関連しています。特別教育の役割は、子どもの障害を最小限にとどめるという、聴覚学や耳科学ではできないことを可能なかぎり達成することです。

ろう児に対して障害児というレッテルを貼ることは、初めは医療専門職によって、後には特別教育と福祉行政とによって正当化されていきます。子どもが特別学校へ送られ、煩わしい補聴器をつけることを義務づけられるとき、その子は社会の中で障害者の役割を演じるように仕向けられることになります。言語療法士や教師と向き合う中で、その子は、自分が障害者として見られることの是認に協力することを身に着けてしまうのです。教師たちはたいへん多くのろう児に、情緒的に不安定であるとか、学習障害があるといった烙印を押してしまいます。そうしてろう児は扱いにくくなり、あまり勉強しなくてもいいプログラムを与えられ、勉強が足りなくなり、こうして障害者という烙印が正当なものとなってしまうのです。結局「厄介者製造業」が、ろう者という障害者を生み出していくのです。

デフ・コミュニティ（ろう社会）として独自の文化を誇る立場からは、聞こえないことは障害ではありません。イギリスのろう者のリーダー、パディ・ラッド博士は次のように指摘しています。「わたしたちは言語的少数者として生きる権利が認められることを望んでいる。わたしたちのコミュニティの中では、わたしたちはいかなる意味でも障害者ではない。わたしたちに障害者という烙印を押すことは、それを理解していないことの証明である」（Ladd, 2003）。

聞こえないことにかかわる「厄介者製造業」、すなわち聴能主義《オーディズム》体制は、自分たちのもつ聞こえないことについての考えを変えようとするろう者の努力に対して、あからさまに抵抗しています。聴能主義の方針では、手話は原始的な人工的な補助的なもの、障害によって起こるろう者のコミュニケーションの行きづまりを回避する手立てだと捉えます。

人の心の幸福とは何でできているのでしょうか。正常ということをどう定義したらいいでしょうか。そもそも正常とはどういうことでしょうか。わたしたちは異常と簡単に決めつけますが、「正常」ということばはほとんどの場合、文化、言語、社会規範と結びついていることに気づくまでのことです。自分たちの文化、言語、社会に合わないものを「異常」なもの、精神的に病的なものとみなしてしまう傾向があります。しかしながら、精神面の健康基準に則って異常な行動を「規定」する、正式な診断基準というものがあります。聞こえないことはこの診断基準に当てはまるでしょうか。ろう者・ろう者のコミュニティに見られる心理的な葛藤やジレンマは、聞こえないという病理学的、医学的問題に起因するものなのでしょうか。それとも長年ろう者・ろう者のコミュニティが被っている、外側からの、大多数を占める聴者からもたらされるフラストレーション（いらだち）、偏見、差別、温情主義《パターナリズム》に対する、実際的な反応なのでしょうか。違うということは、すなわち病的ということなのでしょうか。

サスマン博士とブラウアー博士（Sussman & Brauer, 1999）は、心理療法士ひいては一般社会が、今なお聞こえないことを病気とみなし、健全なろう者の人格について述べようとしないと書いています（Andrews, 1999）。ここで使われる「正常」ということばの意味をはっきりさせなくてはなりません。ろう者・ろう者は、「標準」「正常」「正常の範囲」を示す正規分布をなす鐘型曲線上のどこに位置づけられるのでしょうか。

個人の気質を心理学的に探っていくと、親子関係、身体的特性、愛着、言語、情緒的および社会的な成長といった側面が見いだされます。親子関係についていえば、ろう児のおよそ九〇パーセントの親が聴者です。ほとんどの聴者の親は、ろう者にとって普通の言語である手話を流暢に使うことができません。どんな関係においてもコミュニケーションが重要だということを思えば、子どもが親とうまく会話できない場合、親子関係は危うくなるでしょう。ろう者、ろう児、ろう乳児への愛情。ろう者を励まし、養い、支え、愛をもって接するにはどうすればよいのでしょうか。言語の発達と識字能力は、ろう乳児とろう児に対して使われる、早期介入の技術に直接結びついています。聴力援助のシステム、補聴器、人工内耳は、ろう者を聴者に変えるものではありません。聴力を援助する道具は残存聴力を拡張するかもしれませんが、そういうものを使っても、ろう者は聞こえるようになるわけではありません。さらに、読話術・読唇術を学んでいる人は読み書きの技術にも熟練していると考えるなら、それは誤った想定です。四十二音ある英語の音のうち三分の二ほどは、口元を近くで見てもろう者には判別できないか、あるいは口の形が同じである別の音のように見えてしまいます（Hardy, 1979）。ろう者の識字能力を高めるには、早いうちにろう者固有の（伝統的）手話を使わせるように働きかけること、熟練した手話の使い手や手話言語の専門家たちが、伝統的手話を教えるようにすることが大切です。

以上に述べたことはすべて、**ろう者**・ろう者の精神的人格形成に直接かかわり、影響を与えます。

言語と識字、発声と会話、音声言語中心主義と聴能主義、手話と読話は精神世界に関する側面をもち、**ろう者**・ろう者に関する側面ももっています。わたしたちは一つの社会集団として、音声言語に価値を置いています。わたしたちは人として、声を聞きたがります。一つの社会集団として、音声言語中心主義を信奉しています。わたしたちは主たる言語（音声言語）を、視覚的言語（手話）をもつ集団に押しつけているのです。この音声言語中心主義をなしているものの一つが聴能主義です。

聴能主義ということばは、ろう者・難聴者に対する、聞こえの状態に基づく差別と偏見を表すことばです。聴者の文化がろう者の文化に勝っている、あるいはろう者は聴者よりも能力（技能、知性等々）が劣るとみなしています。聴能主義は、聞こえの状態に基づいて能力を判断する、画一的・固定的な考え方、態度、条件、行動を促進し、ろう者を劣った者、医学的介入を必要とする者、仲間として付き合うに値しない者、雇用するのにふさわしくない者とみなす傾向を容認しているのです。

言語／コミュニケーション／手話

文化と言語は相互に密接な関係にありますが、**デフ・コミュニティ**（Deaf Community）においてはとくにそうです。**デフ・コミュニティ**を構成している要素の一つは手話です。すべてのろう者が手話を使っているのでしょうか。いいえ、違います。各自がことばを交わすのに独自の技術と才能（自分語！）をもっています。次に述べるいくつかのことが分かっています。アメリカ手話（ＡＳＬ）について見ると、研究の結果、ＡＳＬは規則、文法、構文をもつ言語であり、完全に理論的な言語だが、英語とは似ていない言語だということが証明されています。これと同様の調査結果はメキシコ、スペイン、キューバ、スウェーデン、フランスなどの国々でも見

＊【訳者補足】ASL における summer, ugly, dry の手話表現

SUMMER　UGLY　DRY, boring

Tom Humphries, Carol Padden, Terrence J. O'Rourke *A Basic Course in American Sign Language* 2nd edition, T. J. Publishers より

られます。

この短い発表では、手話の言語学的特徴をすべて示すことはできませんが、世界の異なる言語にも当てはまる若干の特徴を挙げると、次のようなものです。

音韻（論）(phonology)。手話単語の手の形、手の位置、手の動かし方、手のひらの向きが一緒になって形をなすこと。

形態論（morphology）。言語の最小の意味をなす単位（形態素）と、それらの単位がどのように使われて新しい手話表現と単語が作られていくのかという研究。形態論の例として、ＡＳＬでは summer（夏）、ugly（醜い）、dry（渇いた）は同じ手の形がどの位置で示されるかで意味が変わる。＊

他の要素（決して言語を構成しているすべての要素ではないが）には、時制アスペクト（形容詞や動詞の変化のパターン。動詞の作用は時間に即して行われる。たとえば study continually［続けて勉強する→勉強している］）、さまざまな型の類別詞（訳注＝名詞の種類（具体的な対象の種類や形状など）に応じて、それを表すために用いられる語または接辞）等がある。非手指標識（non-manual markers：NMM, NMs）には、目の動き、顔の表情、身体の動き、小休止などがある。

手話の言語学的特色は多数あります。手話はまさしく言語なのです。

言語学者には、脳には自然に言語を習得して、それを他の人に伝える能力が備わっていることが分かっています。音声言語であろうと、記号化された言語であろうと、このような脳の機能が働くことは同じです。手話については多くの仮説が検討され、議論され、調査されてきました。

*手話は原始的な言語であって、コミュニケーションのシステムとしては音声言語より劣っていると思っている人が多いのですが、これも誤りです。

*手話は万国共通のものだと思っている人もいますが、これも誤りです。この会議で働いている手話通訳者を全部見れば、このような言い方は否定されるでしょう。

*手話は具体的な概念しか表現できないと思っている人が多いのですが、これは誤りです。

*手話は高度に描画的な絵記号のようなものですか——正解。

*手話はパントマイムと同じものですか——誤り。

手話は音声言語と同じものではありません。手話は文法、構文、文構造、語法をもつ言語であって、音声言語とは異なる、手を使った視覚的言語です。このことを**ろう者**・ろう者の精神世界にどう当てはめたらいいでしょうか。**ろう者**・ろう者の心理を病理学的観点から見ることをなくし、健全な**ろう者**・ろう者を識別するために、どんな方法、特徴、基準があるでしょうか。

アイデンティティ

すべての人間にとって自己認識は、否定することも逃れることもできない態度です。「わたしはどこから来たか？」「わたしは何のために存在しているのか？」。幼い子どもたちでも心に浮かぶ解答不能なたくさんの疑問が、人間のアイデンティティの感覚とその探求の中心に存在しています。健全な自意識をもつ人は、子どものときにすでにこういった問いに直面するでしょう。そして答えを見つけることができなくとも、家族や友人の支えがあればなおさら、心に不安を覚えることなくこの答えられない疑問を受け止めることができます。

アイデンティティにはさまざまな定義があります。「その人らしさを保っていること」「人格の一貫性」などと定義できます。健全な自己認識の核には、「すべてが一体である」状態という感覚があります。「自己がぶれていない」という表現は健全な自意識を示しており、「ありのままの姿で安らいでいる」という意味です。

大人でも子どもでも、もしろう者は障害者であるという凝り固まった見方をされ、何もできない人と思われるとしたら、自分たちができることと聴者ができることとの差異に敏感になってしまいます。ろう者は生活に、自分たちを閉め出している限界があるという見方を持ち込んでしまいます。ろう者は、自分たちを異質の劣った存在としてみなしている聴者の振る舞いに気づくようになります。こうしたことはすべて、ろう者の自己評価とアイデンティティに深い傷を与えてしまいます。

何らかの制度が人に貼ったラベルによってではなく、その個人がだれであるかということに基づいて、受け入れはなされるべきではないでしょうか。教会は、人の社会的地位、階級、民族意識、身体的・知的能力にかかわらず、あらゆる人の価値を支援してきました。このような背景のもとで、**ろう者**・ろう者は他者から不自然に押しつけられたきわめて誤ったアイデンティティに抑圧されることなく、十全な一個人として、目標を完全に達成することができる者として、自分を捉え、たたえる権利があります。

自己概念、自己評価、自己イメージには、さまざまな要因がからみます。バット－チャバは調査結果を解釈して、自己評価の度合いは、両親がろう者か、自分の家族は手話を使って会話しているか、学校で手話を使っているかといったさまざまな変数に直接かかわりがあると述べています（Bat-Chava,1993, 1994, 2000; Desselle & Pearlmutter, 1997）。

健全なろう者の特性

健全なろう者は、ろう者という差異にどう対処しているのでしょうか。答えは簡単。とくに何もしていない、です。ろう者はだれとも違わないので、何もする必要はないのです。ろう者は今日、自らを文化的・言語的少数者《マイノリティ》と定義しています。確かに、ろう者は隣人とは異なる言語を使っています。一つの文化を共有しています。その文化は、詩、芸術、社会規範、そしてその文化が映し出している人間性のあらゆる側面を備えています。しかしながら、自分の言語と文化をもつことは、自分たちが他の文化に属する人々とは異なる存在だという意識を強めるものではありません。言語と文化は、人の存在の側面にすぎないのです。淡水の鱒《ます》は、自分の体の周囲の水を感じることはなく、それが塩辛くないことも意識せず、鹹水《かんすい》の鱒がどのようなものであるか知ろうともしません。わたしたちの言語や文化がわたしたちの環境の一部であるように、淡水は淡水の鱒の環境なのです。ろう者である人は、この世界で生活を営んでいる他の言語的少数者に属している人と同じです。その人は自分と同じ言語を話す人々と交際し、ともに生きています。そして必要なときや、そうしたいときには音声言語を扱い、多数派の文化に向き合っています。それは特別なことではありません。

ここで、健全なろう者の性格を取り上げ（アレン・Ｅ・サスマン博士）、わたしたちの生活に当てはめてみます。アブラハム・マズローの「欲求段階説」を用いて、自分たちの生活とろう者・ろう者の生活に当てはめてみます。ワシントンＤＣにあるギャローデット大学名誉教授のサスマン博士によると、健全なろう者の特性は次のようなものです。

■肯定的な自己概念・自己評価
■聞こえないことの肯定的な心理的受容
■聞こえないことを実際的に補償できる力
■他からの否定的な態度、低評価に対処できる力
■適切な自己主張の力
■発話能力の程度を認識する力
■残存聴力の程度を認識する力
■手話に対する肯定的な態度
■対人関係と社交術についての力
■自立できる力
■適所・適時に助けを求め、助けを生かす力
■誤った導きを受けても、巻き込まれない力
■哲学的で敵意のないユーモアのセンス
■共同体感覚《ゲマインシャフツゲフュール》（自己実現）

ろう者が認識している**ろう者**の精神世界は、聴者の認識しているものとは、しばしば異なっています。**ろう者**は一般的に、文化的視点、手話のもつ言語学的な豊かさ、信仰を分かち合う集団としての連帯、抑圧と偏見と差別の歴史を共有してきたことに目を向けようとします。

ろう者の心理なるものがあるのでしょうか。**ろう者**には、聴者とは異なる心理があるのでしょうか。**ろう者**

の精神世界は、否定的な心持ちや、病んでいるのだから「治してください」という姿勢から抜け出ようと努力し、その否定的な心持ちを「わたしはできる」「わたしはやりたい」「わたしはろう者のままでいい」という生き方に変えようとする、そういう世界ではないでしょうか。

ろう者の精神世界は、可能性、希望、夢、ユーモア、言語、技能、教育、関係性、奮闘、連帯で満たされています。それは、他者が入ってきてよく見て、受け入れることができる開かれた世界です。ろう者を、彼らが何であるかではなく、だれであるかによって受け入れる人たちを歓迎する世界です。それは文化的に豊かな世界です。この世界はこう呼びかけています。「わたしたちはここにいます。わたしたちには価値があるのです。わたしたちは神の子どもです。神様は何も間違ってはいません」。わたしたちに目を向けてください。受け入れてください。そして互いに神の子として抱擁し合いましょう。

デフ・コミュニティへの有益な奉仕についての提案

ろう者・ろう者とその家族に、よりふさわしく奉仕したいと望む人や団体のために、手引きとなる原則に基づいた提案を、これからお話しします。第一に、デフ・コミュニティに奉仕する人は、ろう者の文化史に気を配らなければなりません。第二に、この集団のすべてのメンバーの、多様なコミュニケーション上の必要に備える方法を見つけておかねばなりません。第三に、聴覚障害をもつ人々の必要を知り、それに従事する国や地方の人材との連携をもたなければなりません（Ziezula, 2001）。

聴者の奉仕者、カウンセラー、心理学者、教師、司牧従事者、司祭等の立場にある場合、聞こえるということで、聞こえなければありえなかった優れた立場にあると思いがちだということを認識する必要があります。まずしなければならないことは、ろう者に対する自分の態度を真摯に精査することです。どのような状況においてもろう者－聴者の関係性に敏感でいて、互いに尊敬できる関係を目指して努め、聴者の専門家が必ずしもすべての答えをもっているわけではないと理解することです。そしてろう者である専門家もまた、すべての答えはもっていません。

この相互理解のプロセスには、互いに教え合うことが必要です。ろう者・聴者は、進みつつある教育的な対話の一部として、互いの視点をもった理解と協働に心を開いていなければなりません。ろう者と聴者の積極的な協働関係は、研究事例の中にも、日常生活においても、教会、グループ、世界中のろう学校においても多数見られます。たとえば、今日ここにいるわたしたち女性二人は別々の国から来て、別々の言語を話し、一人はろう者、一人は聴者です。連携を進め、協力して企画を立ち上げ、協力してともに働くことにより、ろう者と聴者の皆にとってよい手本となっています。そしてそれが、究極的には、将来世代がこれを当然のこととして認識するよう教えることで、ろう者と聴者がより完璧かつ独自性のあるかたちで役立てられています。

違いを受け入れる世界は、おのずから成長し、豊かになる世界です。わたしたちが、言語、聞こえの程度、肌の色、人種のゆえに離れて暮らし続けるなら、信仰、神への愛と互いへの愛によって結びついた一つの共同体となるどころか、わたしたちを引き離す、さらに大きな裂け目を作ってしまうでしょう。

Mrs. Maryann Barth
アメリカ、オハイオ州シンシナティ、カウンセラー、ろう者

Mrs. Consuelo Manero Soto
メキシコ、メキシコシティ、マリスト大学心理学部長、メンタルヘルス・カウンセリング専門、心理学者、聴者

参考文献

Andrews, Jean F., *Deaf People, evolving Perspectives from psychology. Education and Sociology*, Allyn & Bacon, Boston, 2004.

Bat-Chave Y., Antecedents of self-esteem in deaf people. A meta-analytic review. *Rehabilitation psychology,* 1993, 38 (4), 221-234.

Cornett, Orin, *Who Am I? A Deaf American Monograph*, Vol. 44, 1994.

Desselle, D. D., Self-esteem, family climate, and communication patterns in relation to deafness. *American Annals of the Deaf,* 1994, 139, 322-328.

Humphrey, Jan, and Alcorn Bob, *So you want to be an interpreter: an introduction to sign language interpreting*, 2nd edition. Amarillo, TX: H&H Publishers, 1995.

Humphries, Tom, *Communicating across cultures (deaf-hearing) and language learning*, Doctoral dissertation. Cincinnati, OH: Union Institute and University, 1977.

Ladd, Paddy, *Understanding Deaf Culture: In search of Deafhood*, Great Britain, Cromwell Press, LTD, 2003.（邦訳：パディ・ラッド『ろう文化の歴史と展望——ろうコミュニティの脱植民地化』［森壮也監訳、明石書店、二〇〇七年］）

Lane, Harlan, *The Mask of benevolence: disabling the deaf community,* New York: A1fred A. Knopf, 1992.（邦訳：ハーラン・レイン『善意の仮面——聴能主義とろう文化の闘い』［長瀬修訳、現代書館、二〇〇七年］）

Paul, Peter V., *Toward a psychology of Deafness, Theoretical and Empirical Perspectives*, Allyn & Bacon, MA, 1993.

Pelka, Fred, *The ABC-Clio companion to the disability rights movement.* Santa Barbara, Calif.: ABC-Clio, 1997.

Scheetz, Nanci A., *Psychological Aspects of Deafness.* Allyn & Bacon, Boston, MA, 2004.

Schirmer, Barbara R., *Psychological, Social, and Educational Dimensions of Deafness.* Allyn & Bacon, Boston, MA, 2001.

Sussman, Allen, *Psychosocial Aspects of Deaf People/Psychology and Deaf People.* Gallaudet University, Washington, D.C., 1995.

Sussman, Allen, *An Investigation into the relationship between self-concepts of deaf adults and their perceived attitudes toward deafness (doctoral dissertation, New York University, 1973).* Dissertation Abstracts International, 34. 291AB, 1974.

Sussman, Allen & Brauer, B., On being a psychotherapist with deaf clients. In I. W. LEIGH (Ed.), *Psychotherapy with deaf clients from diverse groups.* Washington D.C. Gallaudet University Press, 1999, pp 3-22.

Ziezıula, F., *The World of the Deaf Community.* Hospice Foundation of America E-Newsletter. Vol. 1, Issue 6, 2001.

第二章　聴覚障害の医学的側面

1　聴覚障害の医学的側面

マリア・アントニア・クラヴェリア・ピュイ

1　一般的な要素

聴覚障害《ハイポキュイジア》はヒトにもっともよく見られる感覚器官の機能不全です。世界保健機構（ＷＨＯ）によると、千人に一人の新生児が重度の聴覚障害児で、千人に三人は中程度の聴覚障害をもって生まれてきます。

2　耳の構造

耳は末梢部と中枢部の二つの部分から成り立っています。末梢部は外耳、中耳、内耳、前庭‐蝸牛第Ⅷ神経（聴神経、あるいは第Ⅷ神経）から成り立っています。中枢部は中枢聴覚伝導路と中枢前庭系から成っています。解剖学的にいうと、耳の末梢部と中枢部の境目は、脳幹の第Ⅷ脳神経の入口にあるため、脳橋と呼ばれています。

外耳は耳介と外耳道から成っています。中耳は厚い側頭骨の中にある空気のつまった空洞で、鼓膜と耳小骨

（ツチ骨、キヌタ骨、アブミ骨）の入った鼓室、耳管軟骨、側頭骨の乳頭状の突起とから成っています。内耳あるいは骨迷路と呼ばれるのは側頭骨の中にあり、二つの系から成っています。平衡感覚をつかさどる前庭神経系と、聞こえをつかさどる蝸牛です。

3　聞こえの生理学

外耳では、空気を通して伝えられた音波は、圧力のかかり方で変化したものを耳介が受け、外耳道を通って鼓膜に伝えられ、鼓膜を振動させます。

中耳では、鼓膜の振動が耳小骨を通して前庭窓に伝えられます。これらの振動は、受け取った音の波動によってさまざまな特徴をもっています。

内耳では、アブミ骨が内側に動くことによって、内部のリンパ液にかかる圧力を変化させます。これが蝸牛の中に集まったいろいろな感覚細胞の末端神経を刺激して、中央の接続部の複雑な道を通って、大脳皮質の聞こえをつかさどる部分に伝えられます。

音を聞くという人間の能力は、音の強さと、その人の受容できる周波数と、その人の聴力閾値によって決まります。可聴域を決めるフィールドは、音の強さと周波数という二つの軸によって規定された域（オーディオグラム）で特定されます。音の強度を計る単位はデシベル（dB）、周波数を計る単位はヘルツ（Hz）です。垂直軸には〇から一二〇デシベルまで、音の大きさが昇順で表され、水平軸には一二五ヘルツから八、〇〇〇ヘルツまで周波数が表されます。これは低周波数から高周波数を表します。

オーディオグラムによって、個々の人の聞こえを計測することができます。環境オーディオグラムを使えば、もっともよく聞く環境音を計ることができます。

4　聴覚障害の概念

聴覚障害とは、健常と考えられている可聴域よりも聴力閾値が低い状態を指します。これが聞こえの障害を引き起こします。オーディオグラムの全周波数における可聴域が20ｄＢまたはそれ以下の場合、その人は健常な聴覚をもつと判断されます。

5　聴覚障害の分類

人に聴覚障害があるというとき、その人が健常といわれる可聴域以下の聴力しかもたないことで判断するだけであり、他の重要な特徴には注意を向けません。聴覚障害をもつ人を理解するうえで欠かせない、環境の中でどのように耳から情報を得ているか、またその人の伝達能力、言語能力、社会的能力等を知るために重要な特徴があります。

聴覚障害はいくつもの方法で分類することが可能です。以下にもっとも適切と思われる分類方法を示します。

5・1　障害の解剖学的部位
5・2　聴覚障害の程度
5・3　聴覚障害が発症した年齢
5・4　聴覚障害の原因
5・5　聴覚障害の進行度

5・1　障害の解剖学的部位による分類では、四種類の聴覚障害が挙げられる。

5・1・1　伝音性――機能障害が外耳、あるいは中耳にある。

5・1・2　感音性――機能障害が内耳に限定される場合のもの。蝸牛での障害は蝸牛性難聴と呼ばれ、聴神経での場合は後迷路性難聴と呼ばれる。

5・1・3　混合型――外耳および中耳、または外耳あるいは中耳の障害と、内耳の障害が重複している場合。

5・1・4　中枢の聴覚系に障害のあるケース――障害が複雑な中枢の聴神経あるいは大脳皮質にある場合。

5・2　聴覚障害の程度に関しては、国際音響学研究所（The International Bureau for Audiophonologie: BIAP）の示す四つの等級がある。

5・2・1　軽度――聴力損失21～40dB

5・2・2　中度――聴力損失41～70dB

5・2・3　高度――聴力損失71～90dB

5・2・4　重度――聴力損失91dB以上

この場合、さらに以下のような四レベルに分けられる。

レベル1：91～100dB

レベル2：101～110dB

レベル3：111～119dB

計測不可：120dB以上

5・3　聴覚障害が発症した年齢で分類する場合は、三つのタイプに分けられる。
5・3・1　ことばを話しだす前——妊娠から二歳までに発症。
5・3・2　言語習得中——二歳から五歳の間に発症。
5・3・3　言語習得後——五歳以降に発症。

5・4　原因別には、三つのグループに分けられる。
5・4・1　遺伝子の突然変異、または遺伝性のもの
5・4・1・1　症候群《シンドローム》——聴覚障害については約四〇〇の症候群が挙げられる。その中には、アッシャー症候群、ペンドレッド症候群、ワールデンブルグ症候群、ジャーヴェル・ランゲーニールセン症候群、アルポート症候群などがある。
5・4・1・2　症候群をなさないもの——劣性遺伝で、男性・女性のどちらかに多い傾向のあるもの。
5・4・2・1　後天性——感染症によるもの、薬剤の影響、早産、外傷、代謝異常など。
5・4・3・1　原因不明のもの。

アッシャーズ症候群では、聴覚障害は網膜色素変性症に起因する夜盲に関連している。

遺伝的かつ表現型的（遺伝子型と環境要因の相互作用により現れる特質）に、複数の遺伝子変異が原因とされているものには三タイプあります。

ペンドレッド症候群では、聴覚障害は甲状腺の異常時のヨード有機化に関連している。

ワールデンブルグ症候群は、程度に差はあるが、感覚神経性聴覚障害、限局性白皮症、および眼角異所症を

特徴とする。ほかに、虹彩異色症のような異常もあり、三タイプが数えられている。

ジャーヴェル・ランゲ－ニールセン症候群では、先天性難聴は心電図に見るQT間隔の延長と関連している。QT延長は、身体的にストレスのかかったときにはなおさら、不整脈や突然死の原因にもなる。

アルポート症候群では、感覚神経性聴覚障害が腎臓の機能障害に関連している。

5・5　聴覚障害の進行度による分類

5・5・1　安定型――大人になるまで、障害に変化がなく、同じ状態を保つ。

5・5・2　進行型――時の経過とともに、障害が進行する。

5・5・3　変化型――聞こえなさが一定でない。ときどき元の状態に戻る。

6　感覚神経性聴覚障害の治療的な支援

感覚神経性聴覚障害には根治治療はありません。治療的支援とは、聞こえる範囲を広げることと、聞こえる範囲および（または）言語の（リ）ハビリテーション（訳注＝(re) habilitation：ハビリテーション（療育）とリハビリテーション（回復、リハビリ）の両方を指している）を意味します。聴力支援としては補聴器、あるいは蝸牛への人工内耳や中耳への人工内耳（どちらも手術が必要）、あるいはきわめて複雑な症例の場合の、脳幹への人工内耳があります。

7　深刻な両側性難聴

これはオーディオグラム上の異なる周波数において、また両耳において、90dB（BIAP）以上の聴力障害を指します。

深刻で重度の両側性難聴者に対して、現在の最新技術による補助は人工内耳です。対象となる患者にとって人工内耳が処置として適当かどうかを評価するには、複数の分野で総合的に詳しく調べる必要があります。こうした複数分野での専門的な検査には、専門家による心理学的、神経学的評価判断に加えて、耳と脳の双方を、ＣＴ（コンピュータ断層撮影）検査によるＸ線画像と、ＭＲＩ（核磁気共鳴）検査で、徹底して耳鼻咽喉科の検査を行うことが必要です。

専門家のチームによる一連の検査が済んだら、チームのコーディネーターである耳鼻咽喉科の専門家は、患者とその家族に、人工内耳を受ける適性があること、また人工内耳によって生じる可能性について伝える必要があります。

８　人工内耳

８・１　コンセプト

人工内耳は、手術によって装着する電子的な器具で、音響信号を電気信号に変えて、それが聴覚を刺激するという仕組みです。

人工内耳は二つの部分から成り立っています。手術によって埋め込まれる体内装置と、手術の約一か月後に装着される体外装置です。体内装置は、受信・刺激装置といくつかの電極で構成されています。体外装置はマイクロフォンとアンテナと受信機と言語への変換器で構成されており、耳の後ろに装着されるか、箱に入れられます。

８・２　機能

（字幕つきのビデオ上映）

人工内耳は、感覚神経性の聴力障害、重度あるいは完全聴覚障害者に使われます。人工内耳は二つの装置から構成されています。体内につけられるものがすなわち人工内耳本体で、体の外側につけるものはサウンドプロセッサー（音声信号処理装置）と呼ばれるものです。サウンドプロセッサーには、音を集め、信号に変えて、プロセッサーに送る小さなマイクロフォンがついています。プロセッサーは、皮膚を通してその信号を人工内耳に送ります。そこで暗号のような信号を電気エネルギーに変換し、これを電極に送ります。このようにして、蝸牛の神経線維は刺激を受け、脳が信号を音として認識するのです。

8・3　言語医療的（リ）ハビリテーション

人工内耳をつけた人は聞くための（リ）ハビリテーションか、また言語医療による特別の（リ）ハビリテーション、あるいは両方を受けなくてはなりません。言語獲得前にすでに聴覚障害だった場合は、言語療法による（リ）ハビリテーションは集中的に、極めて専門的になされる必要があります。

音認識と発声の両方あるいは一方、聴覚刺激、そして場合によっては言語習得の練習が必要です。専門的な言語療法士による指導が必要です。言語習得後に聞こえなくなった人と、言語習得前（二歳になる前）あるいは習得中（二〜五歳）の子どもではリハビリ方法が異なります。

9　聴覚障害者の聴力への影響

聴覚障害者は量的にも質的にも聴力損失を被ります。重度の聴覚障害者への対症療法としての人工内耳は、現在のところ、外科手術によって装着されるものですが、技術的にもたいへん進歩していて、言語療法とともに使われると、かなりよく聞こえるようになって、言語を学んだり、記憶したり、理解したりできるようになります。とはいえ聴覚障害者は、最高かつ最適な推奨された療法を受けても、それぞれの環境の中で、事実とは別の、食い違った、不十分な情報を受け取っていることを忘れてはいけません。こういった影響について具体的に理解するためには、聞こえを、日常生活の中の視覚的イメージと比較してみるのがいいかもしれません。一つの同じイメージが視覚化される際、多くの情報を伴う場合や、伴う情報が少ない場合がありますが、それらは聴覚障害の程度（軽い、中度、高度、重度）と対比できると思います。たとえば、人工内耳と最高の言語療法によって補助を受けている重度の聴覚障害者の場合、軽度の聴覚障害者の聴力域を得ることができても、聞こえに問題のない人と同じようには情報が入りません。同様に、最高の補聴器を使っている中度の聴覚障害者は、かなりよい聴力域に達しますが、決して健常の聴力をもつ人々の聴力閾には及びません。

聴覚障害者が自分の環境の中で、どのようにして情報を得るかを理解することが、その人のニーズを特定することに役立つのです。そうすれば、その人に正しい、的確な援助を与えることができ、それによってその人は、すべての人間に与えられるべき敬意と尊厳を手に入れることができるのです。

Dr. María Antonia Clavería Puig
スペイン、バルセロナ、「神の聖ヨハネ病院」耳鼻咽喉科言語療法専門医

参考文献

1. Ballenger, J.J., *Enfermedades de la nariz, garganta y oído.* Editorial Jims. 2ª ed., 1981.
2. Becker, W., Heinz, H., Rudolf, C., *Manual Ilustrado de Otorrinolaringología.* Tomo I. Ediciones Doyma S.A. 1986.
3. Manrique, M.J., Ramos, A., López Villarejo, P., García-Ibañez, E., *Prótesis Implantables en Otocirugía. Ponencia Oficial del*

LIV Congreso Nacional de la Sociedad Española de Otorrinolaringología. Laboratorios Almirall. 2003.

4. Crovetto de la Torre,M.A., Arístegui Fernández, J., *Otitis media en la infancia. Actualización*. Undergraf S.L. 2008.

5. Cruz, M., *Pediatría*. Editorial Romargraf, 4ª ed. 1980.

文献情報

1. Williams, P. Genetics causes of hearing loss. *N.Engl.J.Med.* 2000;342:1101-1109.

2. Cohen, M., Bitner-Glindzic., Luxon, L., The changing face of Usher syndrome: clinical implications. *Int.J.Aud.* 2007 feb;46(2): 82-93.

3. Daneshi, A., Ghassemi, M., Talee, M., Hassanzadeh, S., Cochlear implantation in children with Jervell- Lange-Nielsen syndrome. *The Journal of Laryngology & Otology* (2008), 122:314-317.

2　ろうの医学的側面——心理学

マルセル・ブロースターハイゼン

まず初めに、教会の生活においてとても重要なこのホールでの会議に、少しばかりの貢献ができるという栄誉をお与えいただいたことに、心からの感謝を申し上げます。それ以上に、教会の歴史上初めて、ろう者とその友人が教会の中心に集まっていることを、主に感謝いたします。主は地の果てまで福音を届けるようにと、わたしたちを召し出されたのです。にもかかわらず、歴史の中でろう者がはるか地の果てにいるように見えたことが何度あったことでしょう。

この発表でわたしは、聞えないこと（deafness）の二つの心理学的側面についてお話ししたいと思います。ろう者の社会的情緒性（socio-emotional）の発達、および心理的社会性（psycho-social）の発達についてまずお話しし、次に、人工内耳や遺伝子研究のような医学分野でのさまざまな進歩を、ろう者がどのように経験しているかについて、お話ししたいと思います。

ろう者の精神障害については、さまざまな疫学的研究がなされ、統合失調症や自閉症、また特定の精神障害のような生物学的病因の障害は、ろう者の人口と全人口とで違いがないことが分かっています。しかし、ろう者の場合、情緒的問題、心理社会的問題、また行動障害を抱える人の割合は、全人口に比して高くなっています。この現象は、過去に考えられていたのと違い[1]、ろうによる直接の結果ではありません。それはある程度、出生前のウィルス感染、出産時の酸素不足、髄膜炎などの、聴者の子どもにも高い脆弱性を引き起こすとされている特定の病因と一定程度結びついています。しかしながらこのようなケースでも、病因と社会的・情緒的な障害との間には、直接的な関係はありません。幼少年期の精神病理学的実地調査の結果、そうした一連の作用を生むもっとも大きな媒介要因は、親子関係が脅かされることだと分かっています。不安定な親子関係が、子どもにとって不安定な愛着や愛着障害さえもたらしてしまうのです。

愛着（attachment）という英語は、児童精神科医のボウルビーと児童心理学者のアインズワース[2]が、成長過程にある子どもとその子の環境の中にいる大事な人々――その子の母親、そして母親だけでなく父親、兄弟姉妹、祖父母、後年には先生、友達等々――との間の、その子が生を受けて以降、さらにそれ以前からはぐくまれるきずなを表現するのに使った用語です。症例の三分の二では、そうした愛着が安定しています。つまり子どもが愛着をもつ人物は、必要なときにそばにいて触れられる安心できる存在になっており、そうなることで、その子にとって世界は、自由に安全に踏み出せる場所となっているのです。症例の三分の一では、そうした愛着が不安定です。この不安定さは二つのかたちで現れます。新しいところに踏み出すことに不安を感じて、極端なほどだれかにまとわりついてしまう場合、あるいは過剰に突き進むあまり、身体的接触を拒む場合があります。こうした事実は、文化的背景がそれぞれ異なる数多くの研究で明らかになっています。たとえばヨーロッパ、日本、東アフリカの農村を比べてみても、ほとんど差異はありません[3]。

年少のろう児たちの研究は数が限られていますが、六か月から九か月、すなわち親子のやり取りがまだ非常に視覚的な時期にある月齢の乳児については、ろう児と聴者の乳児の間には、愛着の度合いに明らかな違いはありません。しかし、通常の発育過程で、口話によるコミュニケーションを通して子どもの行動を規制する必要が生じるときに、状況は変わってしまいます。

愛着の質は教育者たちにとって——子どもの親にとってのみならず、他の人たちにとっても——教育のスタイルを補完するものであるということが、さまざまな研究で明らかになっています。愛着を安定させる教育スタイルは、いわゆる応答感受性（sensitive responsiveness）ということばでよく表現できると思います。これはいわば子どもの望みや感情や思いをよく理解するとともに、それにこたえ、子どもの能力が伸びるのに合わせていく教育者としての能力です。その結果、子どもと教育者の間に互いを信頼する気持ちが育ち、また、両者それぞれが自分を信頼するようになります。嬰児も成長過程にある子どもも、自分が必要とするときには、教えてくれる人がいるということが分かっています。どう行動するかについては、共通の決まりがあります。子どもは自分でどうにかできれば、自分で決めることができ、教える人はそれが必要かどうかを判断します。子どもは自分を教える人が自分に何を求めているかについて、明確かつ適切な指示を受け止めることができます[4]。

この応答感受性は、互いの高度な適応力と、高度のコミュニケーションの能力を必要とします。コミュニケーションがうまくいかないと、相互適応に重大な結果を及ぼします。ろう児をたくさん診《み》てきたアメリカの児童精神医学者ポール・ブリニッチが、いみじくもいっています。「コミュニケーションがうまくいかなくなったところでは、いちばん強い者が支配権を握る」[5]。その結果、やり取りにおいて、口話による会話が互いの間で決め手となり始める年齢からは、ろう児と聞こえる親との関係はだんだん不安定になる危険を孕むようになります[6]。親の教育スタイルは徐々に指図調になり、支配的になっていきます。コミュニケーションは次第に命令形になります。ろう児も聴者の親も、どちらも互いに感情、思い、その他の自分の内なる側面を伝えることを学びません。これはろう児と教師等の指導する人との間にも見られることです。わたしは、聴者である自分の子どもに関しては有能な教育者なのに、自分のろうの子どもとは個人的な会話のしかたが分からないでいる、思春期のろう児をもった聞こえる親に何人も会いました。

不安定な愛着関係では、幼児や若者は、自分自身を信頼することも、互いに信頼し合うことも学びません。子どもにとって親は意味不明な人になり、また親にとっても子どもは意味不明な存在となるのです。子どもは親がつねに必要なときにそこにいてくれることへの確信がもてず、たとえそれがもてたとしても、助けてくれるという確信をもてません。このような関係は、深刻な場合には愛着障害につながります。この愛着障害は、ＤＳＭ－Ⅳ（訳注＝米国精神医学会『疾患の分類と診断の手引き』第四版）で分類されているように、さまざまなかたちで現れます。他人と関係がもてない、つねに愛情に飢えている、つねに人の気を引こうとしたり、あるいは拒絶したりする、境界性パーソナリティ障害に見られるような状態を示すようになります。こうなると子どもは、本当の自分が評価されていない、そのまま受け入れてもらえないという深く傷ついた思いを抱くようになります。これが本当の荒廃の心情につながっていきます。

二つの実例を挙げたいと思います。ネパールのデフ・コミュニティについて書かれたすばらしい本がありま す。アメリカ人の作家でアイリーン・テイラーという、ろうの両親をもつ女性が著したものです。この本の中でテイラーは、家族の中、村の中で唯一のろう者として育った男性が、自分の若かったときのことを話したことに触れています。「わたしは正直に認めなくてはならないのですが、自分は家族の一員というより、家で飼われているペットのようだと感じていた時代がありました。わたしが若かったころは、まだ手話も発達していませんでした。家族とは、コミュニケーションが欠けていました。家族はわたしに、食べ物を与え、着るものを着せ、面倒をみてくれたのは事実です。でもわたしには分かっていました。この関係には何かが欠けていると」[7]。

西側の国々ではこのようなことはなかったと思わないでください。二、三年前、若いろうのフランドル人の女性が、自分の家族について同じようなことを書いています。「実際にわたしは子どものとき、家族の中で、家で飼われるペットと同じように扱われていました。きつい言い方かもしれませんが、この比較はよくいえていると思います。ペットに愛情を注ぐ人たちは、面倒はよくみますが、動物と本当の会話はしませんし、情報を与えることもしません」[8]。さらにこの女性はいいます。「わたしは十歳から十三歳まで、困難を抱えていました。自分のことを考えるようになって、自分が人と違っていることに気づくようになりました。自分が独りぼっちで、とても孤独だったことを覚えています。なぜわたしは違うのだろう、なぜわたしは、皆が互いに話しているように家族と気軽に話すことができないのだろうと疑問に思っていました。なぜわたしは家族の一員ではないのだろうと、自分に問いかけていました。姉妹がわたしに話しかけて、一緒に遊んでくれたらいいのにと思いました。でも彼女たちは相手にしてくれませんでした。わたしは強い怒りの気持ちをもちました。でもそれをいえないのです。そのときわたしにできる唯一のことは、家を出ることだったと思いますが、それもできません。十三歳のとき、わたしは自分がろう者であることを知り、学校にいる他のろうの女の子たちとそっくりなことに気がつきました。そして、やっとわたしは少しおとなしくなって、あまり迷惑をかけるようなことがなくなりました。両親はこのことを喜びました。わたしはそれがなぜか分かりました。でも実のところわたしと両親の間には壁ができてしまっていて、わたしはこれを壊そうと望むこともなくなっていました。壊したくなかったのではありません、当然壊したかったですし、今に至るまで同じ思いでいます。でもできなかったのです。起きてしまったことについて両親に怒りをぶつける気はありません。わたしが子どものとき、また若い女性だったときにわたしが何を感じていたか、両親は分からなかったと思いますから。ときどきわたしはいろいろあったことを思って寂しく感じたり、怒りを感じたりするだけです。両親は両親なりにいいと思ったことをしてくれたのだと思います、それでも思うのです。――母が、今知っていることをあのとき知っていたら、手話を覚えてわたしと手話で話してくれていただろうと[9]」。

このようなろうの女の子や男の子が学校に行って、他のろうの若者と出会い、すぐにろう児やろうの若い人たちと継続的にコミュニケーションをとるようになると、友情も知り、しっかりした関係ももつようになります。他のろうの子どもや若者と世界を共有するということは、いろいろな面でたいへん価値あることで、自分の家族とのうまくいかなかった関係がもたらす心理的影響に対し、保護的な役割をすることにもなります。多くの親は、自分たちのろうの子どもには、聴者の世界を渡っていくうえでの安全な逃れ場としての、家族が必要だと考えています[10]。ろう学校は、家族の中に欠けている部分を補いはしますがリスクもあります。つまり、ろう児のグループがその子の家族に取って代わり、自分の教育者――親、先生その他――が属するところではない世界でろう児が成長してしまう可能性があるのです。

ある日、わたしは子ども四人がろう者だという家族の、ろうの少年と話しました。その子にいいました。「ワオ！　いいじゃないの、ろうの四兄弟なんて！」その子がいいました。「ノー、たまらないよ！　ぼくたち、いつもけんかばっかりしてるよ。お父さんとお母さんが来て、一人ひとりに罰があるんだ。親がいなくなると、また始まるんだ。学校でも、同じだよ。僕がクラスメートと喧嘩するでしょ、そうすると先生や言語療法士が来て、一人ひとりに罰が与えられて、それで、何も変わらないんだ。聴者たちはぼくたちのこと何も分からないんだ。何の役にも立たないんだよ」。

聴者はもはや、信頼されていません。聴者は別の世界から来た敵なのです。このような状況の中では、聴者は自分たちがろう者を教えているという幻想をもっているだけで、実際にはろう者は自分たちで互いに学び合っているのです。結果は必ずしも望ましいものではありませんが――。このような状況は、ろう者の信仰の成長にも大きく影響します。成長段階のどこかで、父なる神、聖母、イエスについて、子どもたちが抱くイメージが形成されるのですが、このイメージは、自分の父親、母親、兄弟姉妹、友達についてもっているイメージを使って形成されます[11]。アメリカ合衆国のろう者のための全国カトリック事務局の行った調査によると、ろう者の多数が、父なる神のイメージを重要な人物ではあるが、遠くにいるかた、ろう者とは話さないかた、手話を知らないかたとしてイメージしています。そんな神とは、コミュニケーションをとる感覚がもてません。またわたしたちが、教会を神の子どもたちの家族で、他の信者はわたしたちの兄弟姉妹だと説明すると、すぐに浮かぶイメージは、昔傷ついたときの思い出です。場合によっては、こうしたイメージを用いることは避けたほうがよいのです。

わたしは、ろう者の成長過程を悲劇的な色で塗りたいと思っているのではありません。ろう者を病人に仕立て上げるつもりもありません。現在、ろう児やろうの若者は、これまでの世代のろう者が受けてきたものとまったく異なった教育を受けています。ほとんどのろう者が全寮制の学校や大学に行くことを選ばず、ずっと家族と暮らします。ろう児と手話を使ってコミュニケーションする家族の数も増え続けています。ろう児のニーズがより細やかに受け止められるようになっています。自身ろうであるアメリカ人の心理学者マーサ・シェリダン[12]は、聴者の親をもつろう児のほとんどが、すでに大人になっているろう者が自分の若かったころについて語るものよりずっと肯定的な、家族の中での経験をしていると述べています。わたしは心理学者として、信者として、ろう者が教会の真の一員となることは、家庭である教会の家族となることから始まると思っています。聞こえないことが、家庭内で皆が取り組む課題となり、よい結果が得られれば、それは家庭の外でも成功するでしょう。

ろう者の聞こえる親や家族が理解しなければならない基本的なことの一つは、ろう者と聴者は別の世界に暮らしているということです。ろう者と聴者は世界を異なった見方で見ています。世界の別の面を見ているのです。理屈のうえでは、年少のろう者をもつ聴者の親は子どものために選択をするのですが、この選択はろうが障害だという考えに基づいています。しかし間もなく親たちは、ろう児にとって、ろうは何か別のものらしいということに気づきます。親はまた、成長するわが子が、自らのろうという状態の主《あるじ》となること、そしてその子がろうの立場から、親の選択とは違うかもしれませんが、自身の選びを引き出していくことを認めなければなりません。聞こえる親は、ろうのわが子が自分たち聴者側の世界の一員でいてほしい、自分たちのようになってほしい、自分たちの言語を話してほしいと望むので、子どもが別の選択をすることで傷つくのはもっともです。初めはろうの子どもの世界に心を開くことができなくても、親は多くの場合、若者が自分の選択をするのを理解するようになります。それが親の思いに反していてもです。

聞こえる親と聴覚障害の専門家にとって、医学‐聴覚学の分野の発展にはすばらしいものがあります。これらの偉大な発見がすべてのろう者に同じように受け止められていないのは、彼らにとってはショックなことです。人工内耳が開発されたときに、デフ・コミュニティは人工内耳の移植に大反対でした。ろうを障害としてしか見ない医学‐聴覚学のろうの捉え方に屈服するように思えたからでした。人工内耳を認めることは、長年デフ・コミュニティへの裏切りとみなされていました。それでも現代のろう者は実用性を考えて選択します。少なくともヨーロッパでは、人工内耳を移植しているろうの若者が増えており、ろうの友人らとミュージック・フェスティバルに行ったりしています。そうした友人とのコミュニケーションは、手話でするほうが好きなようです。人工内耳が大いに進歩したフランドル地方には、口話のみで教育を受けた若いろう者がかなりいます。聴者の学校でともに学び、人工内耳は移植しているものの、それでも手話を覚え、デフ・コミュニティともつながっていることを選んでいます。わたしは、ずっと聴者の学校に通った若いろうの女性を知っています。彼女とやはりろうの妹は、他のろう者とは接触がありませんでした。彼女は十六歳のときに、人工内耳を移植しました。大学で文化人類学を学んでいるとき、フィールドワークをすることになり、南米のスリナムでろう者の文化を研究することにしました。それによって彼女は、それまで経験したことのない感情を覚えショックを受けたということです。彼女はすばらしい卒業論文を書き、人工内耳を製造しているメドエルという会社から賞を贈りたいとの申し出がありました。会社は人工内耳の成功例と思ったからです。彼女は授賞式に手話通訳が付き、自分が手話の大切さを発見したことを話させてもらえるのなら賞を受け取りましょうといったそうです。この女性は今、英国のブリストル大学でろうについての研究をしています。

この女性のろうの友人は大学で教育学を学び、十六歳のときに初めてデフ・コミュニティを知ったそうです。彼女は手話を学び、デフ・アクション・フロントで活躍しました。この団体は、国会の会期中に発言するのに必要な数の署名を集め、手話の認知についての請願を提出しました。これを国会に法案として提出したのはろうの議員で、この人も口話で教育を受け、聴者の学校で学んだ人です。この三人のろう者は皆、昔を振り返って、自分たちのかかわりやコミュニケーションに必要なものを、自分たちを教えた人たちは分かりえないのだと感じています。

その三人のうちの一人が出席した、フランドル・フェデレーション・オヴ・デフ・ピープルの機関紙のインタビューで、人工内耳の分野で有名な医学者が、今後数十年の間に、ろうや他の障害を遺伝子レベルで治療する療法が発見されるはずで、この療法によってすべての人がとても幸せになるだろうといっています。この医学者は、デフ・コミュニティがなぜ遺伝子操作に懐疑的なのか分からないともいいました。この医学者の見解からすると、ろう児が聴者になること、周囲の世界に統合されることがとても重要だというわけです。(13)

イギリス人の遺伝学研究者アンナ・ミドルトンは、ろう児やろうの親をもった聴者たちの中よりも、ろう者の中に、遺伝子研究に懐疑的な人が多いことを見いだしました。ミドルトンは彼女の調査に参加している人たちに、遺伝子研究にどんな感情をもつか、いくつかの形容詞を提示して一つを選んでもらいました。ろう者によっていちばん使用された形容詞は、「困惑している（worried）」であり、聴者のそれは「希望にあふれている（hopeful）」でした。多くのろう者が「なぜあなたはろう者の人生に口を出すのか――わたしたちの平穏を乱さないでほしい」とコメントしました。ろうの出生前診断に興味を示したのは、ろう者では四分の一以下なのに対し、聴者は半数でした。出生前診断に興味を示したろう者は、ほとんどがデフ・コミュニティにもろう文化にも自分が属するとは思っていない人たちでした[14]。

ろう者と接してよく感じてきたのは、ろう者の多くが、ろうを障害とみなしてはいないことです。子どものときは、自分がろう者だということを受け止めるのが難しい時期があった人も、今では自分たちを別の見方で見ています。聞こえていれば人生は楽だったかもしれません。よりよい仕事、よりよい給料、コミュニケーション上の問題は少なくて済んだでしょう――これは事実です。青春期のろう者に関する調査では、一部のろう者が、ろう者を障害者と呼ぶことは、視覚障害者や車椅子障害者や精神障害のある人たちを侮辱することになるといっています。聴者がろう者の人生を、障害がある人生だからといって、聴者の人生より低い質だとみなしている印象をろう者がもてば、彼らはそれに傷つけられ、憤慨させられます。ろう者の多くにとってろうは聞こえの喪失ではなく、独自の言語と文化をもったマイノリティの構成員だということです。何年もの間、わたしはこの考え方を、聴者にとっては驚くようなことですが、西側の個々の悩める国々に見られる典型的な価値体系だと思っていました。しかし、同じ考え方をソマリア、アフガニスタン、イラク、エリトリア、エチオピアのような他の国々、他の文化の中にも見いだしました。ろう者は聴者にさげすまれている正常な人であるという意識が、そこにも見られます。

このことから学ぶべき教訓は何でしょうか。残念ながら、一部のろう者は、聴者に対する従属と自信のなさが混在するフラストレーションをもって生きることを余儀なくされる教育方法の中で成長してきました。これは、人生の初めから続く心の状態であり、教育に当たる人たちによってさまざまな機会に強められたものです。教育者は、ろう者とどのように真の対話を始めればよいのか分からず、どうしたら自分がろう者たちを理解できるかではなく、どうしたらろう者が自分たちを理解してくれるかを第一の関心事としていました。解決方法は、教える側の細やかな対応とコミュニケーション能力を向上させることにかかっています。

Prof. Marcel Broesterhuizen
ベルギー、聴者、ルーヴァン・カトリック大学神学部教授

注

[1] J. D. Rainer et al., *Psychiatry and the deaf*, New York, 1967.

[2] J. Bowlby, *Attachment and Loss, Vol. II: Separation.*, 1973; J. Bowlby, *Attachment and Loss, Vol. III: Loss*, 1980; J. Bowlby, *Attachment and Loss, Vol. I: Attachment.* New York: Basic Books, 1982; M. D. Ainsworth et al., "Individual Differences in Strange-Situation Behaviour of One-year Olds", in *The Origins of Human Social Relations*, ed. H.R. Schaffer, London-New York: Academic Press, 1971; M. D. Ainsworth et al., *Patterns of Attachment: a psychological study of the strange situation*, Hillsdale N.J.: Erlbaum, 1978.

[3] C. Dontas et al., "Early Social Development in Institutionally Reared Greek Infants: Attachment and Peer Interactions", *Monographs of the Society for Research in Child Development* 50, no.1-2 1985, 136-146; R. Kermoian et al., "Infant Attachment to Mother and Child Caretaker in an East African Community. Special Issue: Cross-Cultural Human Development", *International*

Journal of Behavioral Development, 1986, 455-469; K. Miyake et al., "Infant Temperament, Mother's Mode of Interaction, and Attachment in Japan: an Interim Report", *Monographs of the Society for Research in Child Development* 50, no. 102, 1985, 276-279.

[4] Marcel Broesterhuizen, *De Sociaal-Emotionele Ontwikkeling van Dove Kinderen, Sint Michielsgestel*: Instituut voor Doven, 1992, 49.

[5] Paul M. Brinich, *Maternal Style and Cognitive Performance in Deaf Children*, University of Chicago, 1974; Paul M. Brinich, "Childhood Deafness and Maternal Control", *Journal of Communication Disorders*, 1980, 75-81.

[6] Amatzia Weisel, Ahiya Kamara, "Attachment and Individuation of Deaf/Hard-of-Hearing and Hearing Young Adults", *Journal of Deaf Studies and Deaf Education* 10, 2005, no. 1, 51-62.

[7] Irene Taylor, *Buddhas in Disguise: Deaf People of Nepal*, San Diego: Dawn Sign Press, 1997, 131-134.

[8] Mieke Van Herreweghe, Myriam Vermeerbergen, *Thuishoren in een Wereld van Gebaren*, Gent: Academia Press, 1998, 153.

[9] Mieke Van Herreweghe, Myriam Vermeerbergen, *Thuishoren in een Wereld van Gebaren*, Gent: Academia Press, 1998, 157.

[10] Benjamin J. Bahan, "Comment on Turner", *Sign Language Studies* 21, 1994, 241-270.

[11] D. Elkind, *The Development of Religious Understanding in Children and Adolescents, in Research on Religious Development: A Comprehensive Handbook*, ed. M. P. Strommen, New York: Howthorn Books, 1971; A. Godin, *Some Developments in Christian Education, in Research on Religious Development: A Comprehensive Handbook*, ed. M.P. Strommen, New York, Hawthorn Books, 1971; R. J. Havighurst, B. Keating, *The Religion of Youth, in Research on Religious Development: A Comprehensive Handbook*, ed. M. P. Strommen, New York: Hawthorn Books, 1971.

[12] Martha Sheridan, *Inner Lives of Deaf Children: Interviews and Analysis*, Washington D.C.: Gallaudet University Press 2002; Martha Sheridan, *Deaf Adolescents: Inner Lives and Lifeworld Development*, Washington D.C.: Gallaudet University Press, 2008.

[13] Maartje De Meulder, 'Interview: Prof. Dr. Paul Govaerts', *Dovennieuws, Tijdschrift van Fevlado* 82, no.1 (2007): 2-5.

[14] Anna Middleton, *Attitudes of Deaf and Hearing Individuals towards Issues Surrounding Genetic Testing for Deafness*, Unpublished Ph.D. Thesis, University of Leeds, 1999; Anna Middleton, "Deaf and Hearing Adults' Attitudes toward Genetic Testing for Deafness", in *Genetics, Disability, and Deafness*, ed. John V. Van Cleve, Washington D.C.: Gallaudet University Press, 2004.

3　共通のテーマでの六つの証言「沈黙の世界からの諸経験」

3・1　先天性ろう

マルコ・ラディーチ

何世紀も前にアリストテレスは、耳は教育の器官であると書いています。耳は言語の発達のための基礎であるという意味です。もし子どもが重度または最重度の聴覚障害をもっていると、それが先天的なものであろうと言語の発達に先立つ後天的なものであろうと、その子は言語を自然な方法では正しく発達させられません。音の刺激は吸収されて再生され、音声言語の構成要素となるはずのものです。その子は音の刺激を得られず、自分が他の人たちの間で孤立していると感じてしまいます。それはあたかも皆には音声のある映画なのに、その子にとっては無声映画を見ているような状態です。その結果、その子の全人格的な成長における不利に始まり、母親の慰めの声にさえもフラストレーションを感じ、心は満たされずにいるなど、隅に追いやられることになるあらゆる影響をもたらします。今日でも、乳幼児のろうは、いくつもの問題の原因となっています。イタリアでは毎年、実に一、五〇〇人から二、〇〇〇人ほどの重度の聴覚障害の子どもが生まれています。子どもの聴覚障害の型は、先天性のものが大多数（約九〇パーセント）を占めます。多くは胎児期か周産期に原因が生じます。遺伝性のものがもっとも多く、ついで伝染性、中毒性、外傷性のものがそれに続きます。そのうち、半数のみが一歳になる前に判明し、他のケースは早くに出現してはいても判明するのが遅れ、その子のコミュニケーションおよび認知の発達に多大な影響をもたらすことになります。この現象の大きさ（新生児千人に一人のリスクがあるとされています）を見ると容易に分かることですが、早期診断がいかに重要かということです。言語が発達するのは人生のごく早い段階のうちだからです。

聴覚器官の機能の障害は、言語能力の発達の微妙で複雑な仕組みを阻害します。したがって、聴覚器官に障害がある場合、子どもが生まれてまだ日の浅いうちに発見することが基本的に重要です。なぜなら、気づきが早ければ、早く対処し、音声言語によるコミュニケーションの発達が段階的に進むように、聴覚器官が「生理学的」な順序を踏んで発達するように対応することができるからです。早期に手を打てばそれだけ、外部の音の情報が正しく使われるための仕組みが大きく成長します。診断が遅れるとすべてが難しくなります。その子が周りの音をよく聞こえないまま九か月間おかれて後に対応を始めた場合、その子は、そのときになって（補聴器をつけることによって）音の信号が突然区別のできない塊になって聞こえてくるので、それを訳の分からないまま聴いて、理解しなければならないことになります。

「根本的な」予防、つまりろうの原因を取り除くことには今日なお限界があります。対策は主として、健康管理分野での教育と意識化の促進、おもな伝染性の病気の予防（ワクチン投与）、聴覚遺伝子研究分野の進歩に基づいています。実際、この何年かの間に、先天性ろうにかかわる二つの遺伝子（コネキシン26とコネキシン30）が特定され、それらの確認検査は、今日イタリアでも行うことができます。

今日、「二次的」予防と呼ばれるものが可能になっています。すなわち早期の診断とその後の教育活動により、臨床的、社会的な影響を取り除くことです。診断は生後六か月以内に実施され確定されれば、「早期」と呼んでいいでしょう。新技術の到来と、予防についての新しい考え方により、診断は、今は十八〜二十四か月に早められています。今後さらに早められるでしょう。耳音響放射による新生児スクリーニングは、生後数時間に行えるようになっています。検査のために体に何かを入れることもなく、時間もかからず、特定的で感度がよく、費用も安い。聴力スクリーニングが、機能的な水準の最適な聴力を回復するために非常に効果的であることは、多数の国際的・科学的研究により確認されてきています。したがって、よい機能的回復をみるかどうかは早期診断に大きく影響されるのですが、この早期診断に続けて、直ちに家庭での教育計画が始められなければなりません。すなわち補聴器の供給と、特別な言語治療の介入が専門家によって行われなければなりません。その専門家は、その子の家族と、その子の成育のさまざまな段階で触れ合い、かかわるすべての人たち（親戚・教師など）を指導することも望まれます。このような条件が満たされれば、全体（社会、学校、職場）において最善のレベルでの環境改善が確かなものとなり、また穏やかな家庭環境の中での十分な情緒発達が確保されます。

聴覚障害の診断がなされ、問題部位がそれなりの精度で特定された後は、速やかに最適な療法の構成に取り組むことが大切です。聴神経性の聴力の不足を矯正するための器具は、今日でもほとんどの場合、初期からの音響補聴器に頼っていますが、近年、別の技術である人工内耳が急成長してきています。これは人間に埋め込むことのできる、間違いなく最初の人工の知覚器官として、新しい時代を切り開いた技術です。

長年の間、「サン・ジョヴァンニ・カリビータ・ファーテベネフラテリ病院」では、先天的ろうのリスクをもつ子どもの聴覚チェックを実施してきました（早産、黄疸、妊娠中の感染、新生児期の集中治療など）。二〇〇八年一月以来、わたしたちは六、五〇〇人の子どもに、生後一週間の最初の新生児検診と併せて、誘発耳音響放射検査（Evoked Otoacoustic Emission: EOE）を行ってきました。この子どもたちの九五パーセントは通常レベルのＥＯＥであり、五パーセントは片側または両側の変異レベルを有していました。この五パーセントの子どもたちには、二週間後にもう一度検査を行いました。この二回目の検査で変異要素を示した子どもたちは次の段階の誘因聴力を含む検査を受けましたが、この子たちのうち四人は先天性ろうの診断が確定しました。二人はコネキシン26遺伝子の変異が原因だと判定され、他の二人は妊娠の最初の三か月の間のサイトメガロウィルスの感染によるものだと分かりました。わたしたちの病院の新生児のろうの確率は一千分の〇・七で、これはこの分野の最近の統計の多くのものよりも低い数字です。わたしたちが見つけた高度または重度の聴覚障害の子どもたちは、リハビリテーション用の補聴器と人工内耳を含むプログラムを受けることになります。

Prof. Maro Radici
ローマ、ティベリン島、サン・ジョヴァンニ・カリビータ・ファーテベネフラテリ病院、耳鼻咽喉科主任教授

文献目録

Eziologia, diagnosi, prevenzione e terapia della sordità infantile preverbale. Quaderno monografico di aggiornamento AOOI, 2007.
L'impianto cocleare nella pratica clinica. XXI convegno nazionale di aggiornamento AOOI. Viterbo 3-4 ottobre 1997.

FERNHOFF P.M., 'Newborn screening for genetic disorders', Pediatr. Clin. North. Am. 2009 Jun;56(3):505-13.

BAILY M.A. and MURRAY T.H., 'Ethics, evidence, and cost in newborn screening', Hastings Cent. Rep. 2008 May-Jun;38(3):23-31.

ARN P.H., 'Newborn screening: current status', Health Aff. (Millwood) 2007 Mar-Apr;26(2):559-66.

Gifford K.A., Holmes M.G., and Bernstein H.H. 'Hearing loss in children', Pediatr. Rev. 2009 Jun;30(6):207-15.

【訳者補足】

音響放射（OAE）、誘発耳音響放射（EOE）

蝸牛にはその有毛細胞が振動し、音を放射するという性質がある。これを耳音響放射（Otoacoustic Emissions: OAE）といい、音刺激に関係なく外耳道に放射される自発耳音響放射（Spontaneous Otoacoustic Emissions: SOAE）と、音刺激によって誘発される耳音響放射（Evoked Otoacoustic Emissions: EOAE［文中ではEOE］）に分類される。この性質を利用して、外耳道にマイクとイヤホンを内蔵しているプローブを挿入し、聴覚検査を行う。蝸牛の病態把握や難聴の識別診断、新生児に対する聴覚スクリーニングに広く利用されている（石津希代子「耳音響放射の概要」日本大学大学院総合社会情報研究科紀要No.11、二〇一〇年、三九七―四〇二頁より要約）。

3・2　医学、技術の介入がもたらす聴覚障害者の生活の質の改善への新しい可能性

フランス・コーニンクス

聴覚障害の診断と治療は、医学、計測機器を使用する聴覚学、心理学、教育学の根拠をもってなされます。これらの専門分野における知識と経験は過去二十年間にわたって大きく変化してきました。

今日わたしがもっともお伝えしたいのは、過去と現在を注意深く比較し、経験のすべてを将来に持ち越すのは不可能で不適切であると結論づけることが大切で、また必要だということです。そのような理由で、わたしは二十年前の状況と事情を、今日のそれと比較してみたいと思います。

二十年前には、子どもの失聴はかなり遅くなってからでないと分かりませんでした。二～四歳ということもしばしばでした。乳児と年のいかない子ども（三～四歳以下）を診断する方法は限られていました。補聴器は単純な音の増幅器で限界が多々あり、一人ひとりのニーズに合わせてうまく調整することができませんでした。高い周波数の音を効果的に増幅できないことが限界の一つでした。人工内耳はまだ移植の第一段階に入ったば

かりで、年長の子どもと大人にのみ使われました。

今日では、多くの国で新生児の聴力スクリーニング検査が導入されています。littlEARS（訳注＝アンケートにより、生後二年間の子どもの聴覚行動の発達を評価するもの。ドイツ語を自国語とする通常の聴力をもつ子どもたちについてまず認証された。通常の聴力をもつ北アメリカの英語を話す子どもたちとの間でデータが比較され、それがドイツのものと一致していると判明した。人工内耳を装着した子どもたちのデータとも比較がなされている）（Coninx 2008, 2009）のような、六～二十四か月の乳幼児になされる早期検査に代わるものも行われています。早期診断のための自覚症状、他覚所見を検査する機器もそろっています。デジタル補聴器は、乳幼児に十分な音を与えるために、ごく早いうちから装着できます。音を増幅しても効果がない場合、八～十二か月ころからの乳児への人工内耳の装着が行われています。

一九九〇年から二〇一〇年の間に生じたこれらの差が、大きな実質的変化をもたらしました。ほとんどの子どもが聞こえるようになり、音をかなりよく拾えるようになりました。それ以上に重要なことは、生後一年以内に聞こえるという恩恵を受けることです。

聴覚神経の処理機能と脳中枢（聴覚野）の知覚作用は、聴覚神経がまだもっとも柔軟な状態にある短期間のうちに（生後一年間）、発達し成熟します。発話と音声言語は、主として自然に、偶発的学習によって発達します。子どもは大抵、地域の「方言」を話します。子どもが耳から聞いて真似をすることで発音を覚えることのあかしです。子どもは大抵、音声言語を使う両親や兄弟姉妹と会話し、かかわりながら家族の中に組み込まれていきます。家族の一員となれば、社会が広がったときも（近所付き合い、幼稚園、学校、仕事、教会等）、それが確たる基盤となります。

このような基礎が築かれれば、多くの子どもは、「包摂」に関する国連の条約に従ったかたちで、社会に参加できるようになります。その後の人生で、こうした子どもたちは、自分がどう生きたいか、どう社会に参加したいかを、ほとんどの人と同様に、話しことば、音声言語、書記言語を使って、実際に自由に選ぶことができるようになります。それによって、こうした子どもたちは、聞こえを補う器機は使用しますが、通訳に頼らない生き方が可能になります。音声言語と手話を話す、本当のバイリンガルになるということです。このような生き方を自分で選択し、彼ら自身のろうの子どもにも同じ決断をするろうの大人は増えています。

ケルンでのわたしのろうの学生の中には、わたしと一対一で話すときには手話を使い、他のろうの学生たちとは音声言語を使い、わたしの講義に通訳がつくときには手話を使う者が何人かいます。

現在（二〇〇九年）大人になっているろう者は、一九九〇年以前に生まれています。この年齢のろうの大人は、これまでお話ししたような医学的、技術的進歩の成果から恩恵を受けることができませんでした。その人たちは、音声言語は身に着けたかもしれませんが、それには限界があったでしょうし、また、たいへんな努力を伴ったと思います。

その場合に手話は、一つのよい選択肢になります。このことを認識し、尊重し、支持しなければなりません。

今日成長過程にある個々のろう児たちが何を選択するかは、個々の親の選択によっています。

難聴とろうの間のこれまでの医学的・聴覚学的区別（九〇デシベル）は時代後れになったようです。若干の例外はあるものの、子どもたちは聞こえるようになる可能性があります。早く聞こえるようになれば、理解することもできるようになり、音声言語を使い、音を聞き分け、音楽を楽しむこともできるようになります。そういう目的のために、一連の選択肢があります。音響効果を上げるものには、進化したデジタル補聴器がありますす。音響効果を上げるもので、比較的新しいものとしては、周波数を変える補聴器もあります。聞き取れない高周波数の音を聞こえる範囲まで下げることができるものです。電気刺激を用いるものとして人工内耳があります。両耳に装着することで、広い範囲の音が聞きやすくなることが証明されています。電気刺激と音響刺激を用いる人工内耳（ＥＡＳ）もあります。低周波音の音響的増幅と高周波音での電気刺激（蝸牛に挿入する短い電極を利用）を組み合わせるものです。音響的なもので外耳道欠損の子どもなど特殊な症例で用いるものとして、埋め込み式の人工中耳があります。

子どもの場合、聞えないことに加え、学習障害、認知障害、知的障害、身体的制約（手話はもとより、音声言語で話す際の動作にも影響します）、視覚障害、環境剝奪などの、別の発達上の諸問題を伴うことがあります。

このことは、聞こえを補う機器のもっともよいものを早期に供与しても、必ずしもろうの子どもの音声言語に効果的な進歩をもたらす保証がないことを意味します。手話を含め、ことばの習得を阻害する場合もあります。

後天性の失聴や高齢者の失聴についても、少し触れたいと思います。すでに話せるようになっていた場合や、年がいってから難聴やろうになった場合には、聞えを助ける器具はとても効果的です。脳は回路を作り直され、聴覚神経を通して入る新しい信号を処理するようになります。補聴器でも人工内耳でも、それは同様です。

肝心なことは、脳がまだ回路を再形成できるかどうかです。脳がその働きを長い間失っている場合は、配線の回復がその分、難しくなります。耳（蝸牛）が神経刺激を聴覚神経と脳中枢に伝えられなければ、これらの神経構造は退化します。蝸牛での失聴が何年も続いた後に補聴器や人工内耳で音が補われても、脳が音の信号を処理して理解する能力を失っている場合があります。高齢者の場合も、音は聞こえるようになるかもしれませんが、意味を理解することはできないかもしれません。耳はまさに脳への門なのです。脳の聴覚をつかさどる部分をよい状態に保つためには、高齢者の場合でも、早期の診断を受け、聞こえを補う機器を早く使用することが大事です。

Prof. Frans Coninx
ドイツ、ゾーリンゲン、聴者、聴覚学者、ろう者を教える教師、
物理学者、数学教師

3・3　インドネシアのウォノソボにてろう者を教える宗教科教師としての経験

アントニー・アルダティン

ある日、わたしが十二歳のろうの生徒たちに、マルコ福音書7章35節のイエスがろう者をいやした話を教えていたときでした。生徒たちは驚いて、質問してきました。「どうしてそんなことがありえるの？　イエスが今生きていたら、わたしたちもいやされるの？」。わたしは、イエス、奇跡、聖霊、天国、天の御父といった抽象的な概念を教えるのに苦心していました。わたしは「イエスは今日も生きておられます！　生徒、先生、お父さん、お母さん、兄弟姉妹の心の中に生きておられるのです」と説明しなくてはなりませんでした。「そんなことどうしてありえるの？」と生徒たちはいいます。ディタが「理解できません」というので、わたしは「あなたが五歳のとき、学校に初めて来たときのことを覚えていますか？　どうやって、会話しましたか？」とディタに聞きました。「ボディーランゲージを使って、手話もやってみていました」とディタが答えました。わたしは説明を試みました。「あなたのご両親や、先生や、兄弟姉妹や、お友達があなたを愛していたから、あなたは会話することを覚えたのですよね。イエスの聖霊はそのときも今も、あなたの中でも、そういう人たちの中でも働いていてくださっているのです」と。

わたしたちの学校「デナ・ウパカラ」は、インドネシアにある七十校のろう者のための学校の一つです。カトリックの学校で、一九三八年にオランダの女子修道会「マリアとヨセフの娘たち」が、オランダのセント・ミヒエルスヘストルの「ろう者のための研究所」と共同で創設しました。わたしたちの修道会は、オランダにあるコミュニティに、志願する一〇人のオランダ人のろうの女性を受け入れていました。わたしたちの学校は、ろう者を教育する学校としてはインドネシアで二番目の学校ですが、ろうの女子のための学校としてはいちばん最初の学校です。カトリックの生徒のほかは、大半が異なる宗派の生徒たちです。インドネシアでは人口の八八パーセントがムスリムで、一二パーセントがカトリックとヒンドゥー教徒と仏教徒です。生徒たちの父母は、この学校がカトリックの学校だということはよく分かっています。ですから、カトリックの教えのほかに、わたしたちはヒンドゥー教や仏教やイスラームの教科も作りました。生徒たちや、わたしたち職員が互いに寛大になり、受け入れ、異なる宗教との間に関係を築くことを学ぶのは大きな挑戦です。

一九七五年以来、インドネシア政府は、障害をもつ子どもたちの特別なニーズに特別な配慮をするようになっています。政府運営の特別支援学校がたくさん設立されました。一九九八年の政治改革後、民主主義が次第に進展してきました。実際には、ムスリムが多数者で、キリスト教徒は少数者です。民主主義が進展したといっても、わたしたちに宗教の自由があるという意味ではありません。カトリック教会にとっては必ずしも楽な状況ではありません。わたしの知るかぎりにおいては、今のところ、司祭職や男女修道会への召命を受けて働こうという人は、ほとんどというか、むしろまったくいません。ろう者のためのカトリックの特別学校で教えたいという人もいません。また、新しい法律ができて、宗教が異なる場合、好きな相手を選んで結婚することが禁じられています。ですから、ムスリムはムスリムと、カトリックはカトリックとしか結婚できません。わたしたちの学校のろうの卒業生の多くが不安な気持ちを抱いています。これは説明するのも、理解するのも、受け入れるのも難しいことです。

わたしたちの学校は私立の学校です。職員には、わたしたち自身の会計から給料を支払わなくてはならないのですが、これはわたしたちの組織には、なかなかたいへんなことです。確かに父兄が学費を払わなければならないのですが、大概は、まったく払うことができないか、実際の費用のほんの一部だけ払うというのが実態です。これに加えて、政府から送られてくる教師が十分訓練されていないという問題もあります。彼らはろうの児童や若者のような、特殊なニーズをもった生徒を教える訓練も受けていませんし、それだけの資格もありません。つまり、国の教師養成大学に特殊教育のプログラムがあるにもかかわらず、わたしたちは、自分たちの学校で、現職教員の研修プログラムを自分たちで作らなければならなかったということです。わたしたちは、ろう児たちが信仰のいかんにかかわらず、正義のため、また質の高い教育を平等に受けられる権利のために闘うつもりです。

卒業生の一部は、普通の訓練校で職業訓練を受けることができます。ごく少数ですが、大学を卒業した者もいます。この子たちはつねにろうの友達仲間と会っていて、デフ・クラブと呼ばれるものを作り、交流したり、毎月司祭が司式するろう者のためのミサを企画したりします。ムスリムのグループも同じときに自分たちのモスクでお祈りをします。ミサとムスリムの祈りが終わると、カトリックもムスリムも一緒に交流のための集まりをもちます。これはともに生き、互いに寛容になり、尊敬し合うよい行いの好例です。宗派を超えたかかわり。これがろう者の世界で起きているのです。わたしの知るかぎり、男女ともに、ろう者で修道会に入ったり、ろう者のクラブやコミュニティでの司牧奉仕に携わったりした者はいません。それでも、宗教を超えたかかわりの結果、ろう者のクラブはミサの後に貧しいろう者を助けるためにクレジット・ユニオンというプログラムを始めました。学校の職員がろうの生徒たちに、このクレジット・ユニオンの考え方の組織化を指導しています。生徒たちはそれが気に入り、一緒にまずは一歩一歩お金を貯めることを学びました。次に、生徒が自分たちのビジネスに経済的な援助が必要になると、たとえば月〇・一パーセントという低い利子でクレジット・ユニオンからお金を借りることができます。他の人たちは二・五パーセントも国の銀行に利子を払っているのですが。大抵は小さな仕立て屋を始めるためにミシンを買ったり、食事の仕出し等の事業を始めたりするために、クレジット・ユニオンからお金を借ります。皆さん、お分かりと思います。わたしたちは徐々にですが、ろうの児童や若者を教育するうえで、前進しているのです。わたしたちは、皆様のお祈りとご支援、そしてとくに主の祝福を必要としています。

Sr. Antonie Ardatin
インドネシア、中部ジャワ州、聴者、修道会管区長、ろう者を教える教師

3・4　わたしの個人的経験と司牧経験

ハイメ・グティエレス・ヴィジャヌエヴァ

1　わたしの個人的経験

わたしはろうのスペイン人司祭です。現在、わたしは沈黙の聖マリア教会で司牧に当たっています。マドリード大司教区でろう者とろうあ者の司牧をしている教会です。この活動と並行して、「キリスト者であることの定義」という論題で神学の博士論文を書いています。また、キリスト信者の養成を目的とした使徒的活動「キリスト教文化活動」の教区顧問をしています。わたしは三十五歳で、十年前に司祭になりました。七年前に全ろうになり、今では人工内耳を装着しています。

聞くことに困難を感じるようになったのは、十二年前に遡ります。最初のころ、わたしはこの現実、すなわち自分がろうになるということを認めたくありませんでした。その数年は、わたしは孤独で寂しく、人とかかわらずに過ごしました。聞こえないことと、自分の状態を認めなかったことで、他人とつきあうことが苦痛で、友達もほとんどいませんでした。わたしがろう者と出会ったのは、だいたい十九年前のことで、神学校に入って何年かたったころでした。わたしは十四歳のときに小神学校に入りました。

ある日、わたしは司教様に、自分はろう者だけれども司祭になれるのか心配だとお話ししました。わたしのろうは度が進んでいて、前より困難を感じるようになっており、勉強にも、聴者との関係にも限界を感じていました。司教様は、ろう者のための司祭として働くとよいと助言してくださいました。そのときまで、わたしにはろう者とのつきあいがありませんでした。司教様は、とくに聞こえない人たちを対象に司牧の仕事をしていたヴァレンシア出身の神父様を紹介してくださいました。わたしはしばらくの間、この神父様と一緒に過ごし、どういう仕事をするのかを見せてもらいました。それからわたしは手話を学び、スペインで年に二回開かれる全国ろう者大会に出るようになりました。このようにして、次第にろう者たちと知り合い、ろう者の世界や、ろう者の特徴、ろう者ならではの司牧について知るようになりました。そしてサンタンデールで、ろう者と働くようになりました。要理の勉強、会合、巡礼などです。こうしたことすべてのおかげで、ろう者としての境遇を受容できるようになり、障害はあっても他の人の役に立てることが分かりました。

わたしが司祭に叙階されたとき、司教様はわたしを教区のろう者の司牧の責任者に任命してくださいました。わたしはろう者たちに全身全霊をささげ、秘跡に関することもすべて引き受けました。

わたしはろう者にのみ自分をささげてきたのではありません。いろいろな仕事をしてきました。小教区で、また先にお話しした、すでに五年間顧問をしている使徒的活動でも、聴者と一緒に働いてきましたし、今も働いています。こうした経験をとても前向きな、豊かなものと感じています。聴者と働くこと、なかでも、この使徒的活動に属している大人たちと働くことで、司祭として多くを得ることができましたし、自分が聴者のコミュニティに溶け込んでいると感じました。もっともそれは、聴者たちとわたし双方の、かなりの努力なしにできたことではありません。わたしの側では、会議で話されていることを理解するために、今まで以上の努力が必要でした。告解を聞くのも、他のいろいろな仕事でも、今まで以上に努力する必要があります。話しているかたに、もっとはっきり話してくださいとか、もう一度いってくださいとか、いったことを書いてくださいとか、お願いする必要もあります。聴者の側も同様です。多くの場合、わたしに会議の内容がよく分かるように資料をコピーするなど、余分な仕事が必要になります。わたしに話しかけるときには、わたしの正面に立って、はっきりと、ゆっくりと話す等々の気遣いが必要になります。

　こうしたことを通して、わたしは教会の生活に、またさらには、自分が勤めていた司牧にかかわる人たちのグループの中に、完全に溶け込んでいると感じることができるようになりました。こうした聴者たちとの経験が、わたしがろう者と働くときにも大いに助けになったのです。こうした理由から、わたしは社会の中、また信仰生活の中で、ろう者の差別をなくし、障壁を取り除く統合を、もっと進めなくてはならないと思い、運動するようになりました。これは今後も続けていきたいと思っています。わたしはこれが可能だと思っています。わたしの個人的な経験によって可能だということが証明されたと思います。わたしたちろう者は教会の中で孤立したコミュニティを構成することはできません。同じことが、わたしたちろう者の社会全体との関係についてもいえるかもしれません。単独のコミュニティを形成すると、自分たちを孤立させるばかりでなく、貧しくさせてしまいます。わたしたちろう者は、特別なケア、特別なサポート、わたしたちの立場に立ってかかわってもらうことが必要です。皆がこの方向で進めば、ろう者の成長も双方の触れ合いも可能だとわたしは信じています。個人的な経験から、わたしはわたしたちの成功を信じています。ですから、個人の成長の助けにならずに、むしろ、何ができるとか何ができないとかいわれることで屈辱でしかないような、福祉や温情主義的《パターナリスティック》な姿勢には、わたしも嫌な思いをしています。

2　わたしの司牧経験

わたしのろう者を対象とした司牧経験のうち、皆さんに聞いていただきたいもっとも難しい取り組みは、福音宣教を、聴者の社会の中でのろう者の権利の向上と結びつけることです。すべての人の権利の全面的な向上に向き合うことなしに、イエス・キリストについて語るわけにはいきません。キリストが世に来られてわたしたちにもたらされた救いと解放を、だれもが経験できるようになるためです。だれもが人としての尊厳にかなうように生き、人として精一杯の成長をしなければならないということです。イエスがろうあ者をいやした福音の話からわたしたちが理解するのは、イエスは単にその人が話せるようになるために、ろうの状態をいやして、もつれた舌をほどいたということだけではありません。その人が人としての尊厳を取り戻し、社会と教会に再び仲間として隔てなく存在できるようになさったのです。

ですから、わたしはここからの第二部を、教皇ベネディクト十六世が最近の回勅『真理に根ざした愛』(*Caritas in Veritate*) で強調された次の箇所についての、わたしの考察をお話しすることで始めたいと思います。教皇はいわれます。「真の人間的な発展はすべての次元で人間全体に関係しています」。このように、人の成長はすべての次元にわたる全人的なものでなければなりません。すべての人、各人の利益を促進するものでなくてはなりません。この回勅は教会全体にとって、まさに宝であり恵みであって、これを読めば、わたしのお話ししたいことも、よりよく理解していただけると思います。

ろう者の権利を向上させることが可能だと思っている人はほとんどいません。まずは、聞こえない側のことから見てみましょう。わたしたち自身、普通、自分の能力に気づかずにいます。個々のろう者は、自分が孤立していること、コミュニケーションや教育の機会に不足があること、また、ほかにも聞こえないことから生じるさまざまな問題を抱えて、苦しんだり、あるいは甘んじて受け入れたりしています。実に多くのろう者がそんな状況にあると知っているること、それなのにそのうちの多くが、打開できるという希望もなく、あきらめてそれをやり過ごしていること、わたしたちはそのことに気がついています。この人たちは、この状態への対処の方法がないと思っているのです。

ろう者は以下の事実に気づき、はっきりと自覚する必要があります。

1　わたしたちの状況は、神や、歴史を決定する力によって定められた運命ではありません。聞こえないことによる困難に取り組むことも、継続的な行動と努力を通してそれを乗り越えることも可能です。

2　この行動と努力は、聞こえないことからくる困難を克服するためのものでなくてはならず、ろう者の側の集団での行動であるべきで、国際的に連帯した運動の中で全世界のすべてのろう者を対象にすべきだということです。わたしはよく自問するのです。アフリカ、ホンジュラス、その他の多くの貧しい国でろうであることとは、どのようなことなのだろうかと。今回、世界のいくつかの大陸から講演者のかたがたが来られ、この国際会議にともに参加する機会を得ていらっしゃいます。それぞれの国での経験をお話しくだされば幸いです。

3　この活動は、ろう者が自分の個性を最大限に生かして、人類の進歩のために作られ、すべての人間のために存在するよいものをすべて享受できるように、社会的・人間的・宗教的な向上を目指すものでなければなりません。そのためには、文化的な向上が不可欠です。わたしたちは職業、人間、社会、宗教の各分野において文化を創りだす必要があります。この活動を推進するためのパン種および道具として、わたしたちは手本となって、ろう者の権利を全面的に向上させる必要があります。これは他の人たちにとっても励みになり、目標にもなるはずです。

このような方法で、一歩一歩ですが、聞こえない人々に自分たちの能力に目覚めてもらい、権利向上のための活動は、深く、広く、着実に広がっていくでしょう。

これまでは、わたしの知るかぎり、またわたし自身もそれを助長してきたのですが、ろう者や、障害の分野全般にかかわる社会的・司牧的活動は、温情主義的《パターナリスティック》で、福祉のたぐいで、ろう者は読むことができない、読んだことを理解できないと考えていて、まるでこの障害が自然のもの、乗り越えることのできないものかのように考えるところがありました。こうしたことすべてが、ろう者を社会や教会において孤立させ、分離させてしまい、ろう者の権利向上のための活動を進める妨げになったり、遅らせたりすることになります。わたしたちは今では、わたしが「デフ・ナショナリズム」と呼ぶ思想をろう者の間に広めています。この思想には次の信念が込められています。すなわち、聞こえないことによって、自分たちの言語である手話から、聴者のアイデンティティとは異なるろう者のアイデンティティが作り出されるという信念です。ご理解いただきたいのは、わたしは、手話は必要ない、あるいはろう者は特別なケアやサポートを必要としないといっているわけではないということです。わたしたちは、確かにそういうものを必要としています。しかし、それを、閉鎖的集団やコミュニティにとどまることの正当化に用いてはならないのです。わたしたちは、社会と教会生活への、さらなる真の参加に向けて旅を続けなくてはなりません。これはろう者の全面的な権利向上にかかわることによってのみ可能になるのです。

ろう者のコミュニティ全体に忠実に奉仕するために、わたしたちろう者は、いくつかの要点に注意を注ぐ必要があります。それは、自分たちの障害によって引き起こされている問題に、自分たち自身で何らかの答えを出し、差別撤廃の促進に向けて進むための要点です。

1　ろう者と聴者の間の真の国際的な連帯が必要です。そこから真の自由と平等、そして社会的、経済的、文化的、政治的、精神的資源の共有が始まります。皆が力に応じて——当然のことですが——協力すること、そしてとくに世界のもっとも貧しい国に住むろう者のことをつねに忘れないことです。それらの国に住むろう者は、多くの場合、もっとも基本的で重要なこと——人としての尊厳——を否定されています。多くの場合、国民としての扱いも受けていません。

2　共有された希望は、拡大し成長を始めます。分かち合われた目標、きわめて魅力的な理想は、行動と経験を通して徐々に達成され、明確に示されて、必ずや権利向上に向けての集団での運動を生み出します。

3　これには、全体として向上していくことは可能だと知ることが必要です。

これまでも個々が向上していくというケースはつねにありました。自分の資質や地位によって、あるいは努力する力でもって、または他の人から援助を受けることで、個人的に向上することのできた人はいます。しかし今、時がきて、ろう者による集団での行動を、わたしたち司牧の分野で働く者たちが思い描くようになりました。こうした権利向上には集団での行動が必要です。わたしたちの多くは、個人的なレベルでは向上していこうとして、そのための援助を求めます。わたしたちがろう者に示すことのできる最善の福音宣教はどういうものかというと、世界のどこにいようとも、総合的な全体での向上を目的とする共同行動を組織することだと思います。

成功するためには、ほかでもない、ろう者を信頼できなければなりません。わたしたちろう者が主役であり、自分たちの権利の向上についていちばん責任のある立場にいなくてはなりません。人は一人では何もできないことを認めなくてはなりません。自分たちの権利の向上を求めるのですから、自分たちに関係することがらを自分たちで企画し、進め、自分たちの尊厳や権利について自身が認識することから始めないというのはおかしな、矛盾したことになります。

二、三年前、宣伝用の看板が作られました。それには手が二組み描かれていました。一組みは聴者の手で、上から下へと差し出されていました。もう一組みはろう者の手で、下のほうから出ているようでした。ろう者の権利の向上を表現するのに、これほどふさわしくないデザインはないとわたしは思います。わたしたちろう者が、集団での権利向上の行動に力を貸そうとしてくれている協力団体や司牧者だけでなく、他の人をも必要としているのは確かです。しかし、そういう人たちがしなくてはならないのは、まず、ろう者の悩みや問題に入っていくことです。入っていくというのは、ろう者がかかわっていることや、かかわりたいと思っていることについての発想や行動を理解し、分かち合い、受け止め、それをろう者とともにすることです。ろう者の権利向上は、何も変えず、状況を改善もせずに、上から始めるべきではありません。そうではなく、わたしたちと一緒に、わたしたちの行動に加わり、いちばん下から始めなくてはなりません。

ろう者の権利向上には、時間と献身が必要とされます。しかし本質的なことは、向上を求めるそのような活動に携わりたいかどうかです。自分や他の人たちの能力と限界が分かると、人は自信を得ることができます。人生について、わたしたちは主役であらねばならず、受け身の傍観者であってはなりません。

ろう者差別を解消するための権利の向上を可能にするために、わたしたちはつねにこれに向かって努力し、この権利向上の活動に必要とされる犠牲を払う用意のある人を求めています。これは信仰によってのみ可能です。この活動に携わろうと決めた人は、幾多の困難に出会い、報われることはほとんどありません。わたしたちの前に立ちはだかる壁を乗り越え、前進するには、エネルギーをよりパワフルにしなければなりません。このエネルギーは神のもの、神の愛を経験することでのみ生まれます。それによって、くじけずに永続的に努力を続けることができるのです。苦労を分かち合った経験、疎外された経験、もがき苦しんだ経験、希望をもって闘うこと。苦しみはわたしたちを謙遜にします。それは神の知恵の源です。謙遜であることは、苦しむ兄弟に寄り添うために、より深く、よりよく理解する好機となります。また、他の人の苦しみに直面したときに、より細やかな気遣いができるようになる好機です。それによって、さまざまな不公正のために苦しむ世界のすべての兄弟姉妹と、親しく交わることができるようになるのです。

ですから必要なのは、すべてに先立つ根源的な向上、すなわち霊的な向上です。わたしたちキリスト者は、信仰に助けられて、苦しむ人のために勇敢さと愛を示す力あるキリスト教のメッセージとは別の考え方をもつ人たちよりもろくにできていなければ、大したキリスト者だとはいえません。キリスト教は人類全体のために働くときに、霊的、宗教的向上を進展させることができます。このように、霊的、宗教的向上から始めて、神はさまざまな場所でろう者の行動を生み出してくださいます。それはわたしたちの権利向上に向けた活動に効果をもたらすとともに、同時にわたしたちのためだけではなく、教会全体のために福音宣教のすばらしい道具ともなります。わたしたちろう者は、わたしたちの兄弟姉妹と同じ権利と義務をもつ、この教会の活動的なメンバーです。

このささやかな話を終えるにあたって、すべてのろう者、とくに若いろう者のかたがたに勇気と希望のメッセージをお伝えしたいと思います。若いかたがたは、求めさえすれば、生活に望むことは何でも手に入れることができます。しかし、望み、手に入れようと闘わなければなりません。そして、このことを他の人たちと一緒にしなくてはなりません。なぜならば一人では成功しないからです。

Rev. Jaime Gutierrez Villanueva
スペイン、マドリード、ろうの司祭、沈黙の聖マリア教会

3・5　ある芸術家

サンデル・ブロンデール

サンデル・ブロンデールはステンドグラス作家です。聴者ばかりの家庭にろう者として生まれました。ベルギーのゲント出身です。彼は静寂と美の世界で育ちました。生粋のベルギー、ゲント人で、一九五八年にブリュッセルで万国博覧会が開幕したときに生まれました。ステンドグラス作家の息子であり、四歳のときに父親のアトリエで手伝い始め、八歳のときに最初のステンドグラスの作品を作りました。聴者の家族の中にろう者として生まれ、三人の兄弟がいます。二人は耳が聞こえますが、一人はろうで、重度の精神障害者です。

ブラザー・オブ・チャリティ修道会のろう者のためのカトリック学校で、修道士が算数と読書を含め、年齢相応の知性をもつ健常児が知る必要があることすべてを教えてくれました。読唇と音声言語を学び、かなりの言語能力を身に着けました。学校にかなりうまく順応し、自立心も育ちました。学校と父のアトリエで、たくさんのカトリックの修道士や司祭に出会いました。それは、父にステンドグラスを頼みにきた人たち、彼の先生、ボーイスカウトのリーダーでした。

後にサンデル・ブロンデールは、ベルギーの聴者の学校に通い、ゲントの王立芸術アカデミーで修士号を二つ取得しました（一つは油画、一つは美術品の修復）。その後二年半の間、アメリカのロチェスター工科大学とギャローデット大学で勉強しました。そして今はゲントに自分のスタジオをもっています。

サンデル・ブロンデールが依頼を受けてする仕事のほとんどは、伝統的なスタイルをとっています。作品は三大陸にまたがり、教会や公共建造物、個人宅を飾っています。ステンドグラス窓の題材は、依頼主の考えも入りますから、それぞれ異なっています。教会の建物の飾りは、昔は文字の読めない人に聖書の話や聖人の生涯について教えるために使われました。サンデル・ブロンデールは、アメリカのメリーランド州ランドヴァー・ヒルズにあるアッシジの聖フランシスコ・デフ・カトリック教会の五つの窓のデザインを依頼されました。この窓の題材は、手話を使って信仰と愛を表す姿です。サンデル・ブロンデールはベルギーのフランダースでは、具象的な（古典的でないスタイルの）窓を作っています。他の作品より現代的なものです。

Mr. Sander Blondeel
ベルギー、ゲント、聴者の家庭に生まれたろう者、ステンドグラス窓製作者

3・6　信仰生活におけるカトリック信者のチャレンジ

ジェニファー・ング・パイク・イエン

わたしは聖フランシスコ・ザビエル教会のリーチ（REACH）という名のろう者司牧部門で働いています。クアラルンプール大司教区にある三十三の小教区の中で、ろう者司牧部門のある唯一の教会です。マレーシアには一三万一千人のカトリック信者がいますが、ろう者は七百人以上います。

リーチは小教区のグループとして始められましたが、多くの挫折がありました。活動は小教区内に限定されています。人々はろう者司牧部門のことも、ろう者の司牧のことも知らないでいます。ほかのろう者も、ろう者司牧部門の存在を知りません。教会はろう者司牧部門を重視してくれず、司牧のための支援は与えられません。ろう者司牧部門は成長することも、発展することもできません。ろう者は教会から応援されることもなく、隅に追いやられたまま、無視されています。

教会はＢＥＣ（Basic Ecclesial Community 教会基礎共同体）に力を入れても、ニーズが特殊なろう者のような少数者には助けになりません。ＢＥＣには、ろう者にとっての全人的な司牧はないのです。ろう者はＢＥＣの中に隔離されてしまうと、ろう者のもつ資質が生かされなくなります。

ろう者を支援してくれる特別に才能のある人たちは、なかなか見つかりません。今のところ教会は、カトリックろう者と教会のより大きな発展のために、そのような人たちのタレントを生かすことができていません。

司祭はろう者のニーズを知る機会がありません。多くの司祭がろう者との関係を居心地悪く思い、司牧できません。ろう者と、ろう者の特別なニーズに対する無知と細やかな気遣いのなさばかりが目につきます。ろう者には、典礼に関してもあまりサポートがありません。ろう者が参加している感謝の祭儀に限ってすらそうなのです。ろう者と通訳者は、しばしばミサでも他の集まりでも、会衆の気をそらすものとみなされます。せっかく手話のできる司祭も、手話を必要とするろう者のコミュニティに派遣されません。大きな教会への派遣が優先されるからです。ろう者のための司牧教育を、神学校で行うべきです。

ろう者とろう者のニーズに対する意識の不足は、通訳が増えないことにも影響しています。ほんの一握りの通訳しかいないので、通訳者はろう者に頼られてたいへんです。通訳技術の訓練、育成、向上に教会からのサポートがないため、通訳者は通訳だけでなく、他のことがらでも頼りにされるので、過重な負担になります。通訳者は通訳以外のことはしたくありません。こうしたことから、通訳者はろう者から遠ざかってしまうことになります。

ろう者から離れると、通訳者の技術は落ちてしまいます。また、彼らはろう文化やろう者の言語、ろう者の発展に関して、それを目にすることも少なくなり、理解も欠くことになります。このように、通訳者は自分たちの都合のみで仕事をして、ろう者のニーズを優先しなくなります。ろう者の養成と育成は、通訳が対応しないことで損なわれてしまいます。その亀裂によって、ろう者側は通訳者に気を遣い、通訳の間違いを正したり、注意をしたりすることを躊躇するようになります。通訳者にいっさい協力してもらえなくなることをおそれるからです。
ろう者司牧部門は司教区・大司教区ごとに作られるべきです。加えて、ろう者のためのフルタイムの司牧者を任命すべきです。その司牧者は、ろう者と、ろう者の身近にいる人たち——司祭、介護者、通訳者、家族——も合わせた包括的な司牧という点で、大いに貢献してくれるでしょう。

Miss Jennifer Ng Paik Yeng
マレーシア、ペタリン・ジャヤ、出生時は聞こえたが、その後ろうになった。カテキスタ

第三章　家族とろう者

1　家族とろう者

マウラ・バックリー

初めに

ここにおりますことを心から光栄に思います。お招きくださりありがとうございます。実を申しますと、初め、今日ここで「家族とろう者」についてお話しするようにと依頼されたとき、気が引ける思いがしました。わたしが今日、内容を伴った話ができるのだろうかと疑問に思ったからです。わたしは自分を納得させるために、ここでお話しする内容を頭の中で列挙しました。皆さんのご理解をいただければ幸いです。

わたしはろう者に関してかなりのことを知っていると思っています。つまり、わたしはこれまでろう者として生きてきました。生涯の長い旅路において、わたしはろう者が家族の中でどう生きているかをじかに経験してきました。わたしは聴者の両親をもったろうの子どもで、また四十年以上、聴覚障害をもつ母親として生きてきました。わたしは子どものころはろう学校に通い、後にアメリカのカトリック大学で社会学と教育学の学位を取得しました。

数年間アメリカで生活した後、アイルランドのダブリンに戻り、ろう者のヒューと結婚して家族をもち、三人の聴者の子どもに恵まれました。

アイルランド国立大学ダブリン校で、ろう者を教える教師としてのさらなる養成を受け、その後マーテル・デイ神学大学で学びました。そして、三十年以上セントメアリー学院で教師として、ろうの女生徒を教えました。そこで副校長を務めて退職しました。現在はろう者のためのカトリック施設で理事を務めています。また、ダブリンにある盲ろう者の共同体のボランティアとして活動しています。

本日ここで、かつてはろう児であり、その後親となり、今では祖母という立場にもある者としてのわたしの体験を、お話ししたいと思います。ここにおられる皆様が、わたしの話を聞いて、アイルランドのろう者家族がどのように、デフ・コミュニティ（ろう社会）に、そしてさらに広いコミュニティに、また教会の中に溶け込んでいくかを、しっかりと理解していただけるよう望んでいます。

わたしは他の人たちの体験もお話しして、アイルランドでのろう者の家族の実像を皆さんにより鮮明に示したいと思います。皆さんの中には同じような体験をなさったかたもあるかもしれません。アイルランド人特有の体験もあります。わたしのお話しする体験が、皆さんのお役に立つことを願っています。

ろう児

先に申し上げたとおり、わたしの両親は聴者でした。父母はそれまでろう者とかかわったことがなく、初めての子どもであったわたしの障害におびえを感じました。しかし両親は、わたしに最上のものを与えたいと思いました。つまり、わたしと意志の疎通を図れるようになることを望みました。母は学校の教師でした。ですからわたしの成長のためには、教育が必須だと分かっていました。母はわたしに適した教育の選択肢を探し、ろう児の教育のための口話法を見つけました。

口話法は当時、普及していたろう教育の方法論でした。そしてわたしの両親は、これがわたしに適した方法だと確信していました。もちろん、すべての子どもたちが口話法でうまくいくわけではありません。手話を使わないでことばを表現したり、読み取ったりする方法は苦しいものでした。わたしは運がよかったのです。わたしはこの口話教育にうまく適応しました。わたしの理解力と言語能力は進歩しました。両親との意思の疎通も進み、両親がわたしに語ってくれる物語や情報が分かるようになりました。本はわたしの家では重要でした。わたしの両親は、わたしに観念的なことを説明するために、宗教的な本をよく買ってくれました。わたしはついに、神の概念、クリスマスや復活祭の背景にある物語や聖書のその他の物語を理解するようになりました。

お分かりのとおり、親の役割は欠くことのできないものです。わたしたち教師は、親を最初の教育者と呼んでいます。子どもがどう成長するかを決めるのは親です。学校と教育方法の選択は、ろう児の教育の方向を定めます。子どもに価値や信仰を最初に伝えるのは親なのです。

わたしの両親がわたしのために取った選択はまぎれもなく、自分たちの価値観と信仰に沿って育てることでした。時代は変わっても、目的は変わりません。子どもにとって、最上のことをすることです。

今日、アイルランドでの選択肢は、ろう児をろう者のための特別な学校に送るか、またはメインストリーミング*、すなわちろう児が聴児の普通学級で学ぶかです。

＊【訳者補足】Paddy Ladd, *Understanding Deaf Culture; In search of Deafhood*, 2003（森壮也監訳『ろう文化の歴史と展望――ろうコミュニティの脱植民地化』明石書店、二〇〇七年、三三三頁）を参照。
「一九六〇年代以来、ろう児を聴者の学校に吸収する（当時は口話主義者の）戦略を表すのに、例えば「統合《インテグレーション》」や「包括《インクルージョン》」など、いくつかの用語が使われてきた。この戦略と、それに付随した多くのろう学校閉鎖に対し、ろう

コミュニティの多くが反対の声を上げてきた。そうした傾向を表す言葉として「メインストリーミング」という用語が最も長く使われてきたことが分かったが、その理由の一部には、この用語の手話翻訳が好まれていることがある。この手話表現は、より強力で支配的な制度によってひとりのろう児が抑圧される様子を視覚的に示すふたつのイギリス手話の単語からなっている」。

ろう学校の生徒数が減っていることは、親がどちらを選んでいるかを明確に示しています。ろうの子どもを普通学級に通わせる親の数が増えています。そのため、ろう者のための特別学校の将来が危ぶまれています。この方針は、親子の間のコミュニケーションをよくしたいという望みと、ろうの子どもを家族の中に置いておきたいという望みが動機になっています。ろう学校に通わせる場合、自分の家から遠く離れた地域に送らなければならないことが多く、その場合、寄宿学校に入れる必要も出てきます。ろうの子を兄弟姉妹たちと同じ学校に行かせる利点は明らかです。

しかしながら、時には微妙な不利益が生じます。メインストリームの学校では聴覚障害をもつ子は、先生に十分にかかわれない可能性もあります。特別補助教員（special needs assistants: SNAs）や、その役割を果たす教員が仲介者となりますが、その人たちは先生と違い、ろう児を扱う特別な訓練を受けていないかもしれません。子どものほうも、手話を使わずにコミュニケーションする力が十分でないかもしれません。勉強がよくできたとしても、教室の外では同じようにはうまくいかないかもしれません。子どもはしばしば孤立したり、寂しい思いをしたりします。その結果、社会的な能力の発達が遅れるかもしれません。

ろう者のための学校では、少人数のクラスで専門の先生が、一人の子どもにより多く注意を払うことができます。小さなクラスでは、ろう児は質問したり、討論に参加したりするよう促されます。手話を使うことによって、カリキュラムは子どもが理解しやすいものになります。こうした要件を満たす方法によって、ろう児は先生とのかかわりと同時に、子どもどうしのかかわりを伴った「教室という経験」を得ることができます。

ここでは言語の問題が重要です。多くのろう児にとって、英語は第二言語です。カリキュラムにある言語は、しばしば子どものその時点の理解力を超えます。何らかの通訳が必要です。手話——わたしたちの場合はアイルランド手話（Irish Sign Language: ISL）——は、ろう児の心を開きます。ろう児は言語との格闘に費やす時間が少なくなり、概念、観念、メッセージを把握するのに、より多くの時間を注ぐことができるようになります。

ろう学校かメインストリームかという二つの選択肢は、どちらも重要であるということを強調しなければなりません。ろう児はどちらのシステムの中でも、うまくやってきています。この二つの選択肢のおもな違いは、言語の習得に関してだと思います。

わたしが学校に行っていたころは、選択の余地はずっと限られていました。ろう児の能力に関係なく口話教育が強制されていました。今では基本的な考え方が変わり、個々のろう児に焦点が当てられています。これはよりよい方向への変化です。

もちろん、アイルランドはわたしが子どものころとは大いに違った国になっています。目まぐるしく変化し、カトリック中心の国から、多様な宗教と世俗的な価値観を内包する国に移行しています。ほとんどの公立学校はカトリック学校ですが、カトリックではない生徒が増えています。すなわち、教室の中で子どもたちは、他の宗教、異なる文化をもつ子どもたちと一緒に教育を受けているということです。

このような多宗教の環境では、教師は宗教教育に今までとは違った方法で取り組んでいます。ですから、親が主たる宗教教育者となります。こうした条件においてろう児の親にあっては、その子とのコミュニケーションがうまくいかなければ問題が起こります。

その場合、宗教教育は「主《あるじ》のない土地」になってしまいます。一方では、両親が子どもたちに自分たちの価値観や信仰を伝える能力が限られており、またもう一方で、教師の宗教教育に割く時間が徐々に減りつつあります。

ろう学校には定期的にろう児を訪問してくれるチャプレンがいます。手話ミサを行い、ろう児たちの話し合いに参加してくれます。ろう児たちはミサ、祈りの集い、宗教的行事によりしっかりと参加するように促されます。聴者の学校で、同じような機会があるとは限りません。

デフ・コミュニティ

デフ・コミュニティと呼ばれている社会的なネットワークを作ったのは、ろう学校の子どもたちです。いわば「デフ・コミュニティ」はろう学校で始まったのです。

ろう者は学校を終えてからも集まり続けます。ろう者たちは自分たちの帰属意識、ろう学校にいる間に培われた支援の枠組みやコミュニケーションを維持したいと願っています。デフ・コミュニティでは、ろう者としての自己同一性、文化、言語を分かち合う人々の間に、生涯にわたる友情が築かれます。

デフ・コミュニティが他のコミュニティと異なるのは、地理的な核がないことです。ろう者は聴者のコミュニティ全体に散らばっています。わたしたちは手話が使える大きなグループの中で活動しているのではありません。実際、わたしたちはほとんどの時間を聴者の世界で過ごし、聴者の同僚とともに働いています。そのうえで社交のほとんどの時間を、他のろう者や手話を使う友人とともに過ごしています。

わたしたちは、誕生パーティや記念日、そして葬儀のときに集まります。葬儀のとき、通常より参列者が多いのはデフ・コミュニティの特徴です。

スポーツも、ろう者にとってとても魅力ある活動です。アイルランドろう者スポーツ協会（The Irish Deaf Sport

Association: IDSA）は、一年の間に主要なスポーツの行事をいくつも開催し、ろう者はそれに参加するために長旅をすることは珍しくありません。しかしアイルランドでは、ろう者専用のスポーツ施設はまったくありません。

そのような理由で、また、ダブリンのろう者センターの用地が強制的に買収されることになったために、わたしが役員をしているカトリックろう者協会（Catholic Institute for Deaf People: CIDP）は、ダブリンにろう者の村を新しく創設することを目指しています。

デフ・コミュニティ村プロジェクト

この村プロジェクトの目的は、ろう者がくつろぎ、遊び、学び、そして礼拝を行える環境を作ることです。ろう者が一つのコミュニティとして交流すること、さらにはアイルランドの一般社会と交流することを支援します。

デフ・コミュニティ村プロジェクトは、高齢者や盲ろう者の成人と子どものために教育・居住のための施設を供給します。また、コミュニティ、スポーツ、社交施設のすべてを一つの場所で提供します。

この村の代表とサービス機関は、ここに事務所をもちます。このデフ・コミュニティ村プロジェクトは、総合的な資源を提供することによる、コミュニティの発展と、サービスの安定供給を主目的としています。

そして、デフ・コミュニティが発展し、自分たちに誇りをもち、互いに助け合うことができるように場所を提供します。ここではアイルランド手話が第一言語ですが、書記・口話英語との二言語併用になります。中心には聖堂があり、そこにはアイルランドろう者司牧聖職者会があります。

もちろん、このろう者の村は、地域のコミュニティにも開かれ、だれでもその施設を利用することができます。計画としては、聴者もろう者も雇用し、地域コミュニティと一体となった継続可能なかたちでの運営を目指しています。ここは、決してろう者のゲットーではありません。

この村プロジェクトは、ろう児のメインストリーミングの結果として、デフ・コミュニティが将来小さくなるという心配を解消します。心躍るような施設と活発な共同体が提供されることによって、多くの人が参加するようになるでしょう。

アイルランドのデフ・コミュニティは生き生きしています。このコミュニティの至るところで、たくさんの人がすばらしい働きをしています。デフ・コミュニティは、メンバーたちが形作ったたくさんの友情ネットワークによって堅く結ばれているコミュニティです。このような社交的な機構の中では、当然多くのろう者が他のろう者と結婚するようになります。わたしも夫とこのようにして結ばれました。

過去三十年、結婚しようとしているろう者はここの結婚講座に参加してきました。この結婚講座は「ろう者のための司祭」によって準備され、手話で行われています。一年に一度ダブリンで開催され、全国からろう者のカップルが参加します。講座の目的は、ろうのカップルの結婚生活への準備と、二人が子どもを教会の中で育てることへの準備です。

ろうの親

どんな親にとっても、子どもを育てるということは、厄介でとても疲れる仕事です。しかし同時に大きな喜びと慰めをもたらす仕事でもあります。わたしは母親として、子どもが生まれるということがどんなにたいへんかを知らなかった者の一人でした。もちろん、わたしは怖かったので、どうすればいいかを、本をたくさん読んで勉強しなければなりませんでした。どんなことが本に書いてあっても、結局一日の終わりには、わたしは自分の本能に従ってやっているだけという状態でした。

二十年前、わたしは偶然にもこのローマで、別の会議の講演を頼まれました。わたしは母親としての初期の段階について話しました。当時わたし自身、まだ子育てに奮闘中でした。二人の男の子が十代になったばかりのころでした。

その講演でわたしは、夫のヒューのすばらしい支援について話しました。その当時は二人とも、子育てというのは比較的簡単だと思っていました。二人とも、ろう者であるということが親になることを困難にするようには思えませんでした。それどころか、ろう者の自分が親になることが楽しいという時期でした。当時、ろうの親のために、たくさんの、新しくすばらしい道具があり、とても助けになりました。その当時にまったく新しかった技術は現在、もちろん一般に普及しています。

一つわたしたち二人が気づいたのは、わたしたちの問題や心配は周囲の聴者のもつ問題や心配とそっくりだということでした。

わたしたちは、日々の生活の中に神がともにおられることを感じさせるように努めました。子どもたちが幼いころから、毎日祈ること、また、愛と喜びに満ちた環境を与えることによって、わたしたちの信仰を伝えました。

二十年前のあの会議の講演を読み直したとき、息子たちはとても幸せな幼児期を過ごしていたのだと思い起こしました。もちろん、わたしたちの不機嫌の犠牲になることもときどきありましたが、親として成長するにつれて、子どもたちをいつも励まし、導き、安心させることに喜びを感じていました。よいときも悪いときもありましたが、これらのときを家族として一緒に味わってきました。子どもたちは初聖体と堅信の特別な日を、自分たちにとって特別な日として経験しました。彼らの祖父母が亡くなるという悲しい日々も経験しましたが、愛する人たちがどのように神のみもとに召されるかということについて、一緒に話し合いました。

子どもたちが十代に差しかかり、彼らを「扱う」方法も変えなければなりませんでした。わたしたちは息子たちに、開かれた心で接しました。彼らをありのままに受け入れ、彼らの心配事、悩み、恐れ、そして考えを真剣に受け止めました。友達との交流を一緒に楽しみ、いっていることに耳を傾け、その努力を褒めるように努めました。悪いことをしたときにも、変わりなく愛されているといって安心させました。わたしたちは一日の終わりに、子どもたちは「(神からの)預かりもの」だということを思い出すようにしましたが、彼らが巣立ったら、さぞ寂しくなるだろうと思いました。お茶やコーヒーやビスケットぐらいしかありませんでしたが、子どもたちには友達を家に連れて来るように促しました。こうすれば、二人がどこにいて、だれと遊んでいるかが分かりましたから。親としてわたしたちは、子どもたちが自分自身の信仰を育てるための土台を築き上げるのに最善を尽くしたと確信しています。

今日、十代の子どもや若者に信仰を伝えることは、以前に増して難しくなりました。親はアルコールや薬物というような大きな不安に直面します。その他、もっとささいな問題、たとえば多大な時間をインターネットに費やすこと、十代の子どもが聞いている音楽のこと、また外泊の問題などがあります。

ろうの親は、聴者の親も同様だと思いますが、自分の十代の子どもが何らかの電子機器にくぎづけになっていることを心配します。ノートパソコン、アイポッドや大画面のテレビに暇な時間のすべてを費やして、外の世界のことは忘れてしまっているように見えます。

加えてろうの親にとっては、子どもたちがどんな音楽を聞いているか知らない、あるいは分かっていないという心配もあります。

わたしの息子の一人は、短い期間ではありましたが、ヘビーメタルに夢中になっていました。彼の部屋の壁に貼ってある音楽のポスターを見て、わたしは心配になりました。息子は、わたしが彼がオカルトか何かにはまったと心配しているといって笑いました。もちろんわたしの心配には、何の根拠もありませんでした。彼は二〜三週間後には、もう別のお気に入りのバンドができていて、別の種類の音楽に惹かれていました。わたしはすぐに分かったのですが、わたしが認めない音楽を聴くことを禁じたら、彼はもっとそれに執着したでしょう。これは十代の若者がもつ傾向です。

これらは何年も前のことです。アイルランドはこの二十年の間に、ずいぶん変わりました。わたしが若い母親だったとき、教会は社会的、政治的に非常に大きな力をもっていました。最近のスキャンダルは、教会の評判を貶《おとし》めました。さらにあまりにも多くの事件がありました。

二〇〇九年、アイルランド政府の報告は、カトリック学校と施設で起こっている虐待を明るみに出しました。それは非常に不愉快な内容でした。その虐待のスケールと深刻さは全国を震憾させました。もう一つの政府の報告では、ダブリン司教区の司祭による性的虐待が公表されることになっています。これは教会にとって、同じように恐ろしい重大な結果をもたらすと見られています。こういうことが明るみに出たため、多くのアイルランド人が教会に背を向けました。

この内容に関して、わたしは何人かの若いろうの夫婦に、現代のアイルランドでの子育ての経験について尋ねました。まったく変わっていないこともありますが、新たな問題も起きています。

十代の子どもは親を煙たがります。それは驚くべきことではありません。親と一緒だと、どこにも出掛けたくありません。当然両親と一緒にミサに行くことを嫌がります。事実、多くの親が、自分たちの十代の子どもは宗教について否定的な見方をしているといっています。しかし同時に、若い人たちが共同体の中のボランティアにはかかわっているともいっています。

信仰を子どもに伝えたいと思っているろうの親は、困難に直面しています。多くの親は、自分たちがアイルランドで受けた宗教教育は弱かったと感じています。自分たちの信仰を子どもたちと分かち合うことができないと、しばしば感じています。その多くの人は、それを口話教育のせいだといっています。口話教育によって自分たちは、物事を理解する力が貧弱になってしまったと感じています。

最近、洗礼について一つ話を聞きました。あるろうの夫婦が、子どもの洗礼にあたって聞かれました。「なぜあなたは、子どもに洗礼を授けたいのですか」。彼らは答えました。「すべきことだからです。他の人も皆、だれでもしていることです」。洗礼の意味について、分かっているかと聞かれたとき、真っ青になりました。全然分かりませんでした。彼らはチャプレンから手話でその儀式の意味を説明され、感動のうちに子どもに洗礼を受けさせました。最終的に両親は、自分たちの赤ちゃんが教会のメンバーになるのだということを理解したのです。

この話はろうの親の間にはよくあることで、理解の不足を表すものです。宗教教育の場を大人にも提供する必要があることを示しています。これはわたしたちの新しいろう者村プロジェクトの司牧活動の一環として取り入れられてもいいのではないでしょうか。

ろう者のための教会は、デフ・コミュニティ村の中心に位置することになります。ろう者はろう者の教会のほうがいいと思っていることは、よく知られています。ろう者の教会こそが、ろう者の必要にこたえられるのです。ろう者の教会では、ろう者は手話のできる司祭と直接やり取りできます。手話通訳者に目を向けるために、司祭や祭壇から目をそらす必要はありません。

典礼に合わせたアイルランド手話を使うことによって、典礼そのものの理解が深まります。また、ろう者自身の参加も増えています。聖体奉仕者、朗読者、あるいは聖歌隊のメンバーとして参加することによって、わたしたち、ろうの信者はミサのあらゆる面にかかわっています。

もちろん、すべてのろうの家族がろう者の教会に参加することはできません。ろう者の教会はどこにでもあるわけではありませんから。ですから、地元の聴者の教会に行かなければならないろう家族もいます。こういう場合は、必ずしも満足が得られたり、快く迎え入れられるという経験をしたりするわけではありません。ろう者は聴者の教会に行くと、しばしば疎外されていると感じます。ろうのわたしたちは司祭に近づきにくいのです。多くの教会ではミサのリーフレットが配布されますが、ろう者は、ミサの間になされる説教とその他のお知らせが理解できません。このような状況は、教会の生きた共同体としての活動にろう者が参加するのを妨げます。

わたしは最近このことをあまりにもよく表す、個人的な経験をしました。あるとき近所の人に出会い、彼女の夫のことを尋ねたところ、三週間前に亡くなられたと聞いて驚きました。そのときわたしはとても困惑しました。そのことを別の隣人に話してみましたら、彼女はいうのです。「教会で報告がありましたよ。あなたもその場にいましたよ」。そこで彼女はやっと気がついたのです。わたしが耳が聞こえないために、お知らせが聞こえなかったことを彼女は忘れていました。お知らせは印刷してあるほうがいいのです。

わたしが話したことのあるろうの家族は、地元の教会とは限られたつながりしかもてないといっています。交流がなければ、疎外感を覚え迷惑をかけないようにしようという気になります。地元の教会とかかわることが避けられないこともあります。そんなときには、いつも後味がよいわけではありません。

最近の話ですが、聴者の子どもをもつろうの親が、地域の教会に連絡をとりました。娘さんが、地元の教会で同級生と一緒に初聖体を受けることになっていました。親は通訳者を頼もうと思いましたが、費用を払うゆとりがありません。そのとき彼らは、通訳者を雇うことは教会の責任ではないといわれました。彼らはたいへん困惑し、驚きました。地元の教会から疎外されていると強く感じました。こうした利便性について、だれが責任を負うのでしょうか。

　こうした手話通訳の利用しやすさ《アクセシビリティ》を向上するために、アイルランドの教会はいくつかの地域でかなり努力しました。「クロスケア」というダブリン教区の社会福祉局は、すべての人を受け入れる共同体を築くことへの貢献を目指しています。多くのダブリンの教会では、難聴者のために磁気ループシステムを導入しました。しかし、これはろう者には助けになりません。地元の教会のろう者に対するアクセシビリティが改善されないかぎり、ろう者の親はその務めを果たすための、地域からの重要な支援を受け損ねてしまうのです。

　親の務めを果たすのは、必ずしも容易なことではありません。わたしは、ある面で十分に務めを果たせなかったことを認めなければなりません。たとえば、自分の主張ばかり押しつけて息子に話す機会を与えませんでした。そのことを若い親たちに話したとき、親たちの心配の大半は共通しているのだと慰めることができ、うれしく思いました。終わりにはすべてうまくいくのだということをわたしは知っています。

　夫とわたしは、子どもたちの成長を、満足して見守ることができました。学校を卒業し、大学に進学したのを見届けることができました。大学を卒業して最初の仕事に就いたときには、誇りに感じました。家を離れたときには、とても悲しく思いました。

　わたしたちはろう者の親として、彼らの生活にそれ以後も深いかかわりをもち続けました。息子たちは流暢に手話を使うことができ、その結婚相手もそうでした。

　わたしたちの息子たちのうち二人は結婚しています。どちらのときもろう者のために働いている司祭がその結婚式の司式をするため、遠路はるばる旅をして来てくれました。息子たちは自分の両親がきちんとコミュニケーションをとれるようにしてくれました。わたしたちは確かに、その式の輪の中にいると感じました。

結婚式のミサでは母が手話で朗読し、宴会のときには父が手話でスピーチしました。聴者の列席者はその手話を見て感動し、手話はろう者が聴者にとけ込んでいくのを助けてくれるものだということを理解してくれました。多くの列席者は、この経験は自分たちにとっても意義深いことだったと話してくれました。

わたしが人生の旅を続ける中では喜びのときとともに、悲しみのときもありました。時の流れとともに、先立つ人を見送ることが増えると感じるのは、当然のことと思います。わたしの両親が亡くなり、兄弟の一人も亡くなって、三年前には悲しいことに、わたしの末の息子が亡くなりました。

キーランが癌で亡くなったとき、彼は三十一歳でした。癌と診断されたとき、まだ新婚一年でした。大きなショックでした。さらに悪いことに、医者は彼に、彼の病気が末期で、もう一年しか生きられないと告知したのです。そのちょうど十二か月後に、彼は逝《い》ってしまいました。

キーランはこの旅路と果敢に向き合いました。しかし、時には不安定になりました。彼と彼の妻は臨床的な冷たい診断に反発して、教会と家族に救いを求めました。

この息子は社会福祉士で、自分の困難なときにさえ他人のことを思っていました。両親のことを心配し、この困難な旅路を助けてくれるようにわたしたちに頼みました。キーランにとっては、家族に支えられることがいちばん必要でした。

キーランは、化学療法の効き目がないと聞かされたとき、司祭を訪問し、会話する中で多くの慰めを得ました。司祭にだれに祈ったらよいかと聞いたとき、「いちばん上の人のところに直接行きなさい」という助言を受けたと笑っていました。

キーランは、英国のブリストルで盲ろう者のために働いていました。彼はこの仕事を通して、シリル・アクセルロッド神父に出会いましたが、神父はキーランの病気のことを聞き、ブリストルまではるばる来てくれました。そのことは、わたしたちにとって、大きな慰めになりました。キーランとその妻は、そのときのシリル神父の訪問で、キーランがどれほど落ち着いたかを話してくれました。

病気の末期のころ、キーランと妻は、アイルランドの家に戻ってきました。この時期に、ろう者のための司祭は二人を献身的に支えてくれました。

キーランが亡くなったとき、わたしは呆然としました。怒りでいっぱいでした。祈るのも難しいほどでした。デフ・コミュニティの仲間が大勢で来てくれ、わたしたちとともにいて支えてくれたのはありがたいことでした。キーランの妻は葬儀に参列したろう者の数に驚いていました。「これがろう者の流儀です」とわたしは説明しました。

葬儀はわたしたちの地元の聴者の教会で行われましたが、わたしたちの主任司祭は、英国から来たキーランの指導司祭とろう者担当の同伴司祭たちを温かく迎えてくれました。列席者にはろう者と聴者が混在していたため、手話の通訳者も数人いました。ろう者はすべてを理解することができ、聴者はこの経験に心を打たれていました。

わたしたちは親として、自分たちの価値観をこの息子とうまく分かち合うことができたと思っています。彼が人から愛され、尊敬されていることを知って、大いに慰められました。彼の死後、新しいろう者の居住施設がブリストルに設立され、彼の名がつけられたことは、その優れた人柄が認められたことのあかしなのです。

キーランを失った痛みはなかなか消えませんが、わたしはかなり落ち着きました。デフ・コミュニティとろう者担当司祭が引き続き支えてくれ、わたしの心を和らげてくれました。他方、わたしたちの小教区からはその後、あまり配慮を得られていませんでした。多分、わたしたちに対してどのように司牧したらよいのか、そのすべが分からないと感じていたのでしょう。あるいは、ろう者の担当司祭が対応しているのを見て、任せておけると思ったのかもしれません。

ろうの祖父母

もちろん人生は続いていきます。楽しい時——三人のかわいい孫たちと過ごした日々はたくさんありました。孫たちは幼いときから、おじいちゃんとおばあちゃんは普通の人とは違うことを分かっていました。どの子もわたしたちと各自の方法で交流し、手話を学び始めています。彼らは聴者の家庭で生活しています。しかし、そこにはろう者との交流があります。孫の一人はキーランが病気になってから洗礼を受けました。ろう者の担当司祭がわたしの家で、手話で洗礼式を行いました。

わたしの孫たちはわたしに大きな喜びを与えてくれ、わたしは大抵のおじいさん、おばあさんがするように、孫たちのことをしょっちゅう話題にしています。ろう者の施設では、おじいさん、おばあさんが孫の自慢をし合い、孫の写真を見せたり、孫の手話技術を自慢したりして時を過ごしています。

孫たちのわたしとのコミュニケーションが上達し、わたしの歩みや価値観や信仰をうまく分かち合うことができたときには、いつもうれしくなります。

Mrs. Maura Buckley
アイルランド・ダブリン、ろう者、ろう教育修士、セントメアリーろう学院名誉副校長、社会学者、ろう者を教える教師、カテキスタ

2　共通のテーマでの三つの証言「ろう者とその家族――夫婦の経験」

2・1　アルビエーロ家の経験

フランコ・アルビエーロ、リタ・ステージ

フランコ・アルビエーロと申します。わたしと同様にろう者の妻リタ・ステージと聴者である十一歳の息子、マテオと一緒にここに来ています。マテオは聴覚障害からくる困難に対処しなければならないキリスト者の家族として、あかしをするためにここにいます。わたしたちは（イタリア）ヴィチェンツァ地方の小さな町、ヴァルダーニョというところに住んでいます。

わたしたちは、わたしたちと同様にろう者ですが信仰が厚い両親のおかげで、信仰の第一歩を踏み出し、最初に祈ることを学びました。教師たちのおかげで、宗教教育を徹底的に受け、学校を終えた後には、出会った司祭のおかげで、信仰をさらに強める経験をさせていただきました。

残念なことに、わたしたちは、信仰にかかわるさまざまな活動に参加しなければならない、あるいは参加しようとすると、家を離れなければなりません。それはろう者のための要理教育や司牧、またろう者のためになるよう準備された活動です。そこではわたしたちが完全に参加できるようにするために手話が使われます。たとえば、わたしたちの地域では、ヴィチェンツァの聖ドロテア教育修道女会の活動に月一回参加する機会があります。その活動はわたしたちのためにその会の修道女たちによって、毎月行われています。

息子マテオが聴者の子どもたちと小教区の活動に参加していることは、ことばによる伝達を超えた方法でわたしと妻リタが示そうとしているよい手本と相まって、親としての行いを通して息子の信仰を支えることの助けとなっています。障害にもかかわらず、多くの困難や苦しみがあろうとも、マテオの信仰の成長を支え続けているといえます。確かに、マテオがわたしたちよりも、周りの聴者やグループのことばに大きな感化を受けていることは否めません。

わたしたちは、わたしたちの生活と信仰は神とその愛によって支えられていると分かっています。わたしたちにとって、神は人生の困難に打ち勝つ力をもたらしてくれる酸素のようなものです。わたしたちの神への信仰は養われなければならず、それは主として毎日曜日に家族でミサにあずかることを通して可能なはずです。ミサの間、司祭は神のことばを説明し、キリスト者として生きるようにと仕向けます。しかし、ろう者であり、手話通訳をしてくれる人がいないわたしたちにとって、主日のミサは価値が下がり、参加も減ります。どうにかしようとベストを尽くす努力はしますが、これはなかなか難しく、いつもうまくいくわけではありません。

しかしながらわたしたちは、かなり恵まれています。聴者の息子マテオの存在を神に感謝しています。わたしたたちは多くの時間を費やして、彼を幼いときからカトリックの信仰のうちに育てました。息子は話せるし聞こえますから、生活上の実務について助けてくれるのに加えて、手話によるミサ司式や講話をする司祭やカテキスタのいないところでは通訳もしてくれます。残念なことに、時には、教会で起きていることや司祭が話していることをマテオが通訳してくれることが、席の近くの人たちには目障りで不快だと思われることもあります。

わたしたちは夫婦で、教区や小教区で企画された準備や養成のコースに参加して、信仰を深めたいと望んでいます。しかし、だれも通訳してくれる人がいなければ、どうやって参加することができるでしょう。わたしたちが置かれたこのような状況やこうした落胆の表出は、わたしたちが知るろうの夫婦の多くに共通する経験です。今ではカトリック教会を離れる人が数多くいますが、それは他の宗派（とくにエホバの証人）には訓練された通訳者がいて、楽しい宗教的会合が開かれているからです。彼らはそこで、歓迎され、大切にされていると感じます。こうして離れていく人は、残念ながら今日数多くいます。

残念ながら、わたしたちろう者は、自分たちがないがしろにされているという印象をもっています。わたしたちの問題は目には見えません。わたしたちはキリスト教共同体の一部であるにもかかわらず、司祭や共同体は、わたしたちの存在や困難を理解していないように思います。聴覚障害よりも視覚障害、足の不自由、脳性麻痺のほうが目に見えますから、注目もされやすいのです。

このような状況のために、多くの夫婦は自分の家族の問題をどこに相談すればいいか分からず、しまいには結婚が暗礁に乗り上げてしまって別れることになっても驚くに当たらないでしょう。

あるとき自分たちで福音書を読んでいて、「湖に投げ降ろされた網のたとえ話」（マタイ13・47―53）に出会い、そこから一つの見解を得ました。このたとえ話は、いつも人間の参加を必要としている神の愛の勝利を表しているように思います。御父は偉大な漁夫です。網はいわば神の国であって、それは大きく、いかなる人も差別なく集めるために投げ降ろされます。御父はわたしたちが悪と邪悪の波のなすがままになることを望みません。イエスは弟子たちにできるかぎり心を広げ、できるだけ多くの人を、その限界や障害を乗り越えて集めるように促しています。この優れたあわれみの行いを実現するために、人は広く寛大な心をもっていなければなりません。

教会は、わたしたちが教育を受けたような、神父や修道女等によって組織された修道会経営の学校で、過去数世紀にわたって行ってきたようなすばらしい働きを今でも続けることができます。今はろう学校がたくさんありますが、公立の学校は、かつて行われていたような宗教教育を施しはしないので、時代に合わせた取り組みが求められています。

しかし大切なことは、わたしたちろう者自身も、機会を与えられたなら、教会の名においてろう者に貢献できることがたくさんあることを知ることです。わたしたち自身も福音宣教者になれるのです。手話は音声言語に匹敵する方法で、わたしたちがろう者にかかわることを可能にしてくれる言語なのです。聖霊降臨のときの神は、多くの言語とともに、手話を確かに知っていたはずです。

若いろう者やとくにわたしたちのような夫婦を助け、励まし、わずかでも支えていただくためにお願いしたいことは、小教区や教区が、どのようにしたらわたしたちのようなろうの夫婦を助けることができるかを真剣に考え、プログラムを企画し、適切な案を出してほしいということです。イタリアではその存在があまり見えませんが、わたしたちのような夫婦が大勢います。わたしたちを小さき神の作りし子らとして扱わないでください。

とくにわたしが今考えていることは、わたしたちろう者が、聴者の若者と同じように世界の現実とどう接触し、お互いの間によりよいかかわりをどうもてるか、ということです。わたしたちは、お互いにかかわりをもち、会話し、ニュースを交換し、情報を得るために、コンピュータの前で多くの時間を費やしています。

そういうわけで教会もまた、教区と小教区のレベルで、ITや通信技術の巨大なネットワークを通して、わたしたちろう者にコンタクトを取らなければならないと信じています。

教会の中のろう者の生活のための重要かつ効果的な仕事として、いくつか提案があります。

1　わたしの提案は、神学校で神学生に特別なコースを設けて、ろう者に関する問題を知るように訓練すること。彼らに手話の短期講習に参加させ、その中でこの言語を完璧に習得したいと興味を示す者を励ますことです。神学校にいる間に、このような教育を受けさせたら、わたしたちが教会で、手話を使うことを許さない司祭によって不愉快な経験をすることはなくなるでしょう。

2　各教区にろう者を担当する司祭が、少なくとも一人は、たとえ専任でなくともいるべきです。その司祭は手話を習得し、若いろう者のカップルの結婚準備や、わたしたちが秘跡、とくにゆるしの秘跡にあずかることができるようにしなければなりません（わたしたちの告解を聞いて理解できる人を探すのは困難です）。神学生や司祭のために、ろう者の司牧に関して特別な訓練を施す修道会があるのをわたしたちは知っています。

3　大都市に少なくとも一か所は、手話ができる司祭が決まった時間にミサをする教会を定めておくこと。

4　関心のあるろう者のために、聖書、典礼あるいは神学の短期講座を教区レベルで行うこと。

5　信仰に関する時々の話題を扱ったカトリックのウェブサイトが設けられるとよいでしょう。ウェブサイトでは、ミサと説教が見られるようにするのがよいでしょう。これが実現したら、倫理問題に関連ある国民投票といった問題についての理解もより深まるでしょう。

6　中途失聴者、あるいは大人になって聞こえにくくなった人たちなど、現段階では手話を知らないろう者のことを考慮に入れることも大切です。その人たちのために、ミサ中に必要な応唱と説教を字幕で表示するスクリーンを設けることが大切です。

7　小教区の司牧計画の中で、ろう者に対して特別な配慮をしてください。そのために、ろう者全般のためのあらゆる取り組みを説明し、有益性を見極めるため、わたしたちの中のだれかがそこに含まれていることが望ましいと思います。

8　教区は、教会の中で働くことを認められた手話通訳者の登録簿を作るべきです。カトリック信者でない人は不可能です。儀式についてやミサの意味が分からないし、聖書の物語を知らないので、教会内のことや、説教されていることを、正確にわたしたちに手話通訳できないからです。

イエス――このまったく特別な方法でろうあ者をいやされたおかたは、全世界に行ってすべての人に福音をのべ伝え、父と子と聖霊のみ名によって彼らに洗礼を授けなさいと使徒たちにいわれたとき、世界中にいるわたしたちろう者にも、同じことをいわれたはずです。司祭と司教の仕事は、聖パウロがいったように、すべての人をキリストのもとに集めるために働くことです。聞こえない耳を聞こえるようにし、話せない人を話せるようにしてくださったイエスの福音が、わたしたちにも語られなければならないとわたしたちは信じています。

Mr. Franco Albiero, Mrs. Rita Stesi
イタリア、夫妻ともろう者

2・2 ラマーノ家の経験

ルカ・ラマーノ、キアラ・シローニ

おはようございます。自己紹介させていただきます。わたしはルカという名前の二十七歳のろう者で、両親もろう者です。わたしは聴者の家族の一員であるキアラと三年前に結婚し、二人の子どもがいます。二歳のラケルと一歳のサミュエル、そして三番目の子どもが妻のおなかにいます。子どもたちは聴者です。

わたしは手話講習会で、キアラに出会いました。キアラは言語療法の学位を取得中で、ろう児教育の専門家を目指しており、わたしは彼女にイタリア手話(LIS)を教えていました。

わたしは教会のろう者たちが抱える現実的な問題を扱うこの会議が企画されたことを喜んでいます。この機会を通して、わたしたちろう者が身をもって経験している困難が人々に知らされ、またその結果として御父との出会いのきっかけになることを望んでいるからです。

わたしは家族から――両親にとって可能なかぎりの――カトリックの教育を受けました。毎日曜日父親はわたしをミサに連れていき、わたしが何も分からなくても、ミサにあずかり聖体を拝領することの大切さを教えてくれました。

配られる資料で主日の朗読箇所は読めましたが、典礼の意味とともに、なかんずく説教はまったく理解できませんでした。

何も分からないということから、わたしの中で反発心が増し、青年時代にはそれを露わにしていました。そのころは楽しい時を過ごし、新しい友達を作ることに夢中で、この反発心は、教会とそれに関するすべてのことを拒絶するまでになっていたのです。

その後、わたしは妻に出会いました。彼女は、教会に深く親しんでいるキリスト信者の家庭の出身です。彼女の家族全員、両親と四人の兄弟姉妹は、受洗後も洗礼の意味を再確認しながら行うキリスト教養成コースを続けていました。

婚約の期間中、彼女はわたしに教会に戻るよう強くいっていましたが、そのころわたしの反発心は怒りとなっていたので、耳を貸そうとはしませんでした。キアラは、この養成コースの基礎講座によく誘ってくれましたが、わたしは拒み続けていました。しかしある夜キアラがわたしに、これからわたしたちの子どもの教育について、わたしは教会に親しんでいるのにあなたは教会から離れているという状態の中でどうするつもりなのか、と聞いてきたときに考え始めました。

彼女のこのことばが、わたしの中に蒔《ま》かれていた信仰の種をよみがえらせてくれました。今、わたしとキアラはこのコースを取りながらともに歩んでいます。妻とわたしは一体であり、彼女はわたしの耳となり声となってくれます。わたしたちの共同体では、信仰のうえでの兄弟たちは、幾多の困難がありながらも、多くの忍耐と愛をもってわたしとのコミュニケーションの方法をしっかりと学んでいます。わたしたちは毎日、聖霊が言語のたまものをくださっていると感じています。

このキリスト教の旅路は、わたしの人生、結婚生活、家庭生活において不可欠なものとなりました。キアラとわたしはそれぞれ異なる文化、考え方、教育によって育ってきたのです。ろう者と聴者による社会生活はそれ自体が困難なことですが、不可能なことではありません。しかしながら、つねに衝突しています。結婚を堅固に保つことは、日々キリスト者の結婚における聖なるものを破壊しようとする悪魔のあらゆる誘惑との闘いです。悪魔はつねに、わたしたちの結婚生活を続かないものにしようとしています。それは、子どもたちのことでわたしができないことについて妻がわたしを支えることでの困難や、わたしたちが日々子育てにおいて経験する困難によってです。

教会はわたしたちがいのちに開かれ、神がくださった子どもたちを受け入れ、経済的不安、弱さ、そして肉体的疲労からくる誘惑と闘うことを大いに助けてくれます。

教会はわたしたちの信仰を育て、神に信頼し、子どもたちに信仰を伝えるという責務を果たせるように助けてくれます。日々、けんかと不満といらだちの中で、互いに生活を分かち合うキリスト者の結婚においても、この務めは困難なものであり、わたしたちの力だけでなし遂げることは不可能です。

わたしたちの子どもたちは、小さなしるしによって、いのちとわたしたちに与えられているものは神から来ているものだと学んでいます。一歳の子どもは、脚の長い子ども用の椅子で食卓に着き、わたしたちを見ています。父なる神が食物をくださっていることを思い起こして手を合わせています。長男はふざけて、ミサを司式するしぐさをしますが、それは、彼の中に信仰の種が蒔かれているしるしです。

しかしながら、これらのことにはいつも、わたしが教会の一員でいることで経験する困難がつきまといます。わたしはいつも妻に依存し、彼女が何かの理由で一緒にミサにあずかれないときには、二人とも欠席することになってしまいます。わたしが小教区の司牧活動に完全に参加することができないのは、キアラの同伴が必要だからですが、わたしは今まで、ろう者、ろうの青年、ろうの家族のための司牧が行われているのを、古くからあるろう者のためのグループや団体は別として、どこの小教区でも見たことがありません。そのことについてわたしは教会に訴えます。わたしたちは一つのからだの手足です。わたしたちには聴覚障害があるのでその耳となることはできませんが、目となり、手となることはできるので、本当に教会の一部であることを実感したいと思っています。わたしたちは肉体的あるいは霊的弱さの中にいます。ですから、わたしたちのところへ寄ってきてわたしたちを愛してくださる、教会の肉となることを感じたいのです。

Mr. Luca Lamano, Mrs. Chiara Sironi
イタリア、夫はろう者、妻と子どもは聴者

2・3 コマッツァ家の経験

アレサンドロ・コマッツァ、マノラ・シミオナート

親としての経験の中で、わたしたちが最初に直面した困難の一つは――他のいわゆる「普通」の家庭でもよくあることですが――カトリック信者としての務めと家庭のさまざまな要求を調和させることでした。

事実わたしたちは結婚の秘跡を通して、愛と責任をもって子どもを育て、キリストとその教会のおきてに従って育てると誓いましたが、優先しなければならないことを追及するうちに、他にやらねばならないことを犠牲にすることになってしまいました。

多くの家庭が今日、現代社会のリズムに合わせて生き抜くことが本当に骨の折れることだと感じるなら、わたしたちのようにろうの子どもをもつ家庭がどのような問題と困難を抱えているか、想像していただけるのではないでしょうか。わたしたちは一週間のうちに、言語療法、あるいは心身症状のリハビリのための治療、検査や調整のための通院、保健医療サービスや、本来なら自動的に保障されるべき受給資格を得るために役所に通って、切りのない、疲労困憊《こんぱい》させられる手続きをすること、それらと同時につねに起きる家族間のいろいろ

はなりません。

なことの調整、そして家事のやりくり、家族を養うのにどうしても必要な仕事関係のこと等々をこなさなくてはなりません。

このような状態の中では、時がどう過ぎていっているのかさえ忘れてしまい、休むことさえままならなくなり、信仰上の義務を守ることは困難になります。たとえば、どの家庭でも幼い子どもたちを抱えていれば、日曜日のミサに通うのさえ、なかなか難しくなります。ろう児を抱えた家庭はなおさらです。ろう児たちには口頭での情報がまったく伝わらず、そのため自分の身の回りで起きていることに溶け込めず、楽しくないということは想像できるでしょう。親にとっては、ろうの子どもたちを、ミサの間、祈っている人をいらだたせないように適切な方法で振る舞わせることは非常に疲れることなのです。時には、いらだつ信者に子どもが非難の目でにらまれ、困惑することも起きます。

ろうというまったく未知の事態に対処しなければならなくなったとき、ふだんは平静な両親でも、非常に感情的かつ精神的に衝撃を受けます。ろうのさまざまな側面を理解して、それまでもっていた偏見を打ち破り、わが子に合ったコミュニケーションと教育の新しいルールに従っていかなければならないのです。

まったく助けがなく、霊的にも支援が受けられないと、親は毎日のように出てくる、子どもたちに関して決定しなければならないいろいろなことの責任の重さに押しつぶされて、ついには「爆発」してしまう危険があります。補聴器か、人工内耳か、または手話と口話の併用か、口話だけか、または教育方法や機能回復の方法等々、決めなくてはならないことばかりです。

わたしたちの場合も、ろうの子ども二人に難しいことが起こったり、他のさまざまな理由で、一度ならず二度までも危機に直面したりしましたが、信仰を失わず、夫婦のきずなを保つことができたのは幸運でした。しかしわたしたちの周りには、悲しいことに、押しつぶされてしまった家族もありました。

わたしたちがある重大な決断をした結果、どうなったかをお話ししなければなりません。その決断とは、子どもたちの教育にイタリア手話を導入したことです。この決断をしたことで、わたしたちは新しい義務を負うことになりました。すなわち、イタリア手話を学ぶための特別なコースに参加することです。義務教育ということでは、家から遠く離れた特別な学校に行かなければなりませんでした。その学校に通うために、わたしたちは小教区を含めた地元から切り離され、たえず移動を余儀なくされることになりました。

自分の小教区に通うことが困難になっていったのは偶然ではありません。自分たちのことを小教区の司祭に託して、家族のために霊的な助けを求めることは、わたしたちのほうも頼まなくなり、教会のほうからの申し出もなかったからです。

わたしたちは最初の子どもをカトリック信者として育てることもできませんでした。当時、わたしたちがイタリア手話（ＬＩＳ）のコースで到達した言語レベルが、抽象的な内容を伝えるには十分ではなかったし、また、昨年サビーノ神父に会うまでは手話のことについて何も知らなかったからです。アウローラについては状況が異なります。彼女はわたしの三番目の子どもで、彼女もろうですが、彼女とはよりうまくコミュニケーションが図れています。わたしの手話技術が、より高いレベルに達していたからです。

そうした理由で、最初のろうの子どもであるラウルのカトリック信者としての成長は、わたしたちの願いにもかかわらず、カテケージスまでは遅れてしまいました。どうにかここまで来ましたが、実際わたしたちが目の当たりにしている現実は、ローマにはろう者向けのカテケージスを専門に行う場所がほとんど存在しないことを考慮すると、あまり期待どおりのものにはなりません。どのみち、もしラウルをカテケージスのコースに行かせていたら、通うにはかなり距離があるので、わたしたち家族の全般的な負担は重くなっていたでしょう。さらに、ちょうど子どもたちの学校を決定するときに、わたしたちが、ろう児と聴児の統合教育の達成を視野に入れて、子どもたちをイタリア語とイタリア手話のバイリンガルな環境の中に置くことを望んでいれば、同時にラウルがカトリックの教えから離れてしまわないことのほうを選んだかもしれません。わたしたちのろうの子どもたちが、聴児だけが通っている小教区のカテケージスのコースの中で孤立してしまうことを心配していました。そのようなコースに入れられていたときのことは、大人になったろうの友人たちが今なお、心の傷となった出来事として記憶しているといいます。教えられたことの半分しか理解できなかったというのです。

その点幸いにも、聴児ではありますが、ラウルと同じ学校に通っていた長女のヴィルジーニャのクラスのグループ（聴児もろう児も含んだ、さまざまな子どもたちからなるグループ）は、学校の隣の教会（ノメンタ街道にあるサン・ジュゼッペ教会）で、初聖体を準備する子どもたちのための合同カテケージスの特別コースをすでに一年も前から始めていました。このコースは多くの親の発案と教会の司祭の支援によって創られたものですが、聴者のカテキスタを補佐するろう者の手話のできるカテキスタが参加してくれるようになったので、ろう者でも参加が可能になったのです。

このプロジェクトに積極的にかかわってきたカテキスタと司祭にこの会議の場に来ていただき、それを進めていくうえでどんな困難に出会ったかを話していただきたかったと思います。残念ながらお二人はこの場に来ることができませんでした。しかし代わりに、わたしの親しい友人で、フェデリコという名のろう児をもった母親がいっていたことをお話しします。彼女はこのプロジェクトの推進者でしたが、うまくいくまでは、不信感と恐れを感じたこと、また、さまざまなかたちの抵抗に遭い、それを克服しなければならなかったとのことです。

このプロジェクトは困難もありましたが、結果はたいへん希望のもてるもので、わたしの子どもが属しているクラスのために同じプロジェクトを導入してはどうかと提案されたとき、カテキスタと教区司祭はこの新しい試みを進めることに熱心になってくださり、他のカテキスタたちを巻き込んでくださいました。

わたしがその学校でコミュニケーション・アシスタント（第二級ではありましたが）として働いていたとき、まだ洗礼の秘跡を受けていない十一歳のろうの少女をもつカトリックの母親に、こういうプロジェクトがあることを教えてあげました。この少女はわたしの長女と同じ第一グループに入れられました。わたしは個人的に彼女に付き添い、カテキスタのダニエラの脇にいるようにしました。ダニエラはわたしに何度もありがとうといってくれました。

今年になって息子ラウルのクラスに、二人のろう児に加えて十二歳と十四歳の外国人のろう児を入れました。先述した少女と同様、二人とも手話以外にコミュニケーション手段がありません。

こうしたことは明らかに成功ではありますが、前途にはなお険しい道があります。カテキスタたちには、善意はあるのですが、ろうについての基本的な訓練というものは行われていません。わたしたちと意思疎通を図るために適切な技術を身につける訓練が必要です。

幸いにもわたしたちはこの冒険に満ちた活動に、二人のコミュニケーション・アシスタントと二人のろうの教育者、また職場の同僚と親しい友人たちに加わってもらっています。一致協力して本当の統合教育を実現していくために、この人たちの存在は不可欠であり、称賛に値します。

自分から進んで何かしてみようという気持ちをもてずに孤立し、自分の子どもたちに機会があるのかどうかさえ分からない、そういったすべての家族にかかわりたいというのが、こういうプロジェクトにかかわっている今のわたしの気持ちです。今日もいかに大勢の親たちが道端に取り残されているか、驚くばかりです。

わたしは教会がろう者とその家族に関して、長い間続けてきた重大な過失に、できるだけ早く対処していただくことを心から願っています。魂の牧者に適切な訓練を施し、ろう者をカテケージス、カトリック生活の中に積極的に導き、困難な旅路にある家族を支援していただくことが必要です。ろうの問題と、手話を含めた多様なコミュニケーション方法をよく理解していただいて、その支援の方法を明確に打ち出していただきたいです。これはわずかな関与によって、だれにでも可能なことです。著名なイギリスの神経学の学者で作家のオリバー・ザックスのことばをもってそれを説明することで、わたしの話を終わります。これは、これまで親しんでいたものを未知のものに、これまで未知であったものを親しいものに変える旅路です。

Mr. Alessandro Comazzetto; Mrs. Manola Scimionato
イタリア、夫妻は聴者、三人の子どものうち二人がろう

3　家族とろう者——考察と提案

ホセ・ギエルモ・グティエレス・フェルナンデス

あいさつと自己紹介

最初に、この話を始めるに当たって、教皇庁保健従事者評議会がわたしに、聴覚障害をもつ人々の現実に目を向ける目的で開かれたこの国際会議でお話しする機会をお与えくださったことに感謝いたします。とくにわたしが教皇庁家庭評議会の一員として、ろう者の家族について話し合う重要な集いに参加するようお招きをいただいたことに、深謝申し上げます。

わたし個人および当評議会にとってこの会議は、これまで十分に知られてこず、理解されてこなかった現実に関心を寄せる機会となります。わたしはろう者に対して、家族的司牧ケアの観点からなされなければならないことがたくさんあると思っています。皆さんはそうした経験をいろいろおもちです。わたしたちはそれを集約して広く伝え、この合同作業の成果として、よりどころとなるガイドラインを出したいと思っています。わたしたちの聞いた証言をもとに、ここで皆さんと考察と提案を分かち合ってみたいと思います。

ろう者に対する司牧の問題

この会議の中で提供された統計資料によると、聴覚障害のある人は二億七、八〇〇万人にも達し、そのうち五、九〇〇万人が全ろう者だということです。そしてそのうち一三〇万人のろう者がカトリック教会の信者だということです。こうした事実を考えれば、この人々への十全な対応をどうするかという、司牧上の難問に取り組まなければならないことは明らかでしょう。

しかしながら、この問題に関してわたしがざっと検証してみたことからも、またわたしたちが拝聴してきたいろいろな証言からも、ろう者に対する司牧はまだ初歩的な段階にあるといわざるをえません。わたしたちの共同体は、こうした困難に苦しんでいる多くの人の存在、彼らが具体的にどのような状況に置かれているか、何を必要としているか、まったく知りません。聴覚障害者の障害は一見してそれと分からないので、聴覚障害をもって苦しんでいる人がある程度身近なところにいなければ、そういう障害のことを知ることができません。その結果、聴覚障害者を具体的なニーズに即してケアする仕組みが十分整っておらず、司牧上の働き手もあまりいないままなのです。この国際会議が、教会の中に進歩的な認識を広め、教会が温情主義《パターナリズム》の誘惑を克服するために力を合わせて働き、効果的な行動を起こすことができるようになることを、切実に望んでいると声を大にして申し上げます。

この意味で、申し上げるべき最初の挑戦の一つは、わたしたちの共同体がすべての人、具体的には聴覚障害をもった人々に向かっても開かれたものとなっていくことにあると信じます。

ろう者家族の司牧的同伴の課題

人はだれでも一つの家庭に生まれ育ちます。家庭はそのメンバーの一人ひとりが成長していくうえで基礎的な役割を果たします。そして、バックリー夫人が指摘したように、ろう者の家族は、大多数の聴者の家族と似通っています。しかし、聞こえないことには、それに特有の事情と特殊な要求が生じます。わたしたちがろう者と接する際には、こうしたことをよく知っている必要があります。

ろうのメンバーがいる家族の類型は幅が広いものです。聞こえる両親に一人あるいは複数人のろう児のいる家、ろうの両親に聞こえる子どものいる家、そしてメンバー全員がろう者の家。これらの状況のそれぞれに合わせて、具体的に対応する司牧的ケアが必要になります。

しかしながら、さまざまな能力をもった子どもをたまものとして授けられた親の支援より前に、わたしたちの司牧的プログラムは、とくに開発途上国において、聴覚障害を予防するための情報を親に提供することを優先すべきでしょう。開発途上国は聴覚障害の分野で、教会の補助的な活動をより必要としています。聴覚障害は多くの場合、適切な処置と治療で予防できることをわたしたちは知っています。もちろん必要な備えが整っていればですが。これは一方では、予防という文化のために働くということですが、もう一方では、社会のこの分野で活動するさまざまな関係者に、医療や教育の分野の資源をさらに適切に分配するように呼びかけるというチャレンジでもあります。

キリスト者の共同体は、具体的なケアや治療（特殊かつ固有のニーズ）の必要な子どもの誕生に直面した家族を、支援することができなければなりません。ろう児が誕生すると、親のほうは通常、挫折感、罪悪感、孤独感を抱いてしまいます。それゆえに、わたしたちの共同体の最初のメッセージは、そうした親たちに、あなたたちは独りではないと知らせるものでなければなりません。

また、よく知られているように、不適切対応というものがあります。対応が遅すぎると、聴覚障害をもつ子どもにとってのみならず、家族の他のメンバーや、家族全体にも大きなダメージをもたらします。

通常、家族は平静を保つために、自らを再編成しようとする傾向があります。この場合、問題をかかえている子どもの周囲のグループを再編成し、その子を家族関係の中心に置こうとする誘惑にさらされる危険に陥ります。これはこの子にとってもほかの家族にとっても好ましいことではありません。このような欠点を無視して、障害を持つ子を隔離することを含めたアプローチをとることによって、家族を再編成しようと試みることもあります。もう一つの不適切対応は、ろう児の世話をする責任を家族の一人、通常は母親にゆだねてしまうことによって、家族の構造を変えてしまうことです。ろう児の他にも子どもがいる家では、聞こえる子どもが端に追いやられてしまい、育児放棄に近いことになってしまったり、あるいは困難な状況に近づけずにおくことで、過保護になってしまうこともあります。「半ばよそ者」が存在する家族のグループとしてのきずなは、変わらざるをえないかもしれません。たとえば、祖父母から見ると、自分の子どもがろう児を育てるのを手伝うのを難しいと感じ、励ましたり、援助したりすることができないでいる場合もあります。

これらの所見は、キリスト教共同体が、ろう者のいる家族を、支援グループの助けを借りて受け入れ、ともに歩むように備えることがどれだけ必要とされているかのほんの一例です。

すでに見たように、次のことを知っておく必要があります。ろう者のニーズが特有なものであることは確かですが、ろう者は同時に、何よりも全体の中に溶け込む必要があるということです。したがって、「ゲットー」を作ろうとしたり、過剰に特別な注意を払うあまり、要望を何でも受け入れたりというような誘惑は退けなければなりません。これまで述べてきたように、ろうの兄弟姉妹およびその家族を共同体の中に溶け込むようにすることにより、共同体自身も、またその中の聴者たちも、大いに豊かにされます。このように見てくると、ケアの方法には二つあります。個別的なケアと、すべての人またその家族に提供される、プログラムやグループやサービスのニーズに合わせたケアです。どちらの場合も、おのおのの家族や共同体の事情と能力に合わせる必要がありますから、つねに補完性と連帯責任の基準を心に留めておかねばなりません。

いずれにしても、ここで聞くことのできた証言のおかげで、わたしたちはろう者が成長していくうえで家族がどれほど大事な基礎であるか、さらにいうと、それはろう者以外のだれの場合でも同じだということを理解することができるようになりました。家族はわたしたちに、アイデンティティを与え、自己肯定の態度をもって社会に溶け込めるよう、さまざまな能力、徳、伝統、価値観を身に着けさせます。たとえば、家族はコミュニケーションの成長と言語獲得の鍵です。個人の成長と、満ち足りた自律的な人生の達成はそこから生まれます。このように、人は何らかを提供し世話してくれるグループを頼れるようになることが望ましいのです。アドバイスをくれる人、家族がどう行動したらよいか方策を立ててくれる人、家族のために実際的に動いてくれる機関が必要です。

親は子どもを育てるという困難な仕事について、支援を必要としています。今日の社会環境においては、親は子どもの学校の成績の維持のためにさらなる援助をしばしば必要とし、場合によっては、子どもたちにもっとも適した学校を選ぶ際にも助言が必要となります。これを実行するのに、子どもをもつ親たちと学校との連携がなされることは子どもたちのためによいだろうと思います。

すでに見たように、聴覚障害者は聴覚障害者どうしで付き合うことも必要としています。その意味で、ろう者のコミュニティに関する取り組みが多くの場所にあり、それが奨励され支援されることで、家族への支援サービスが提供できていることは、たいへん興味深いことです。

わたしはバックリー女史が話された、いわゆる「デフ・コミュニティ村」というプロジェクトをたいへん興味深く思います。聴覚障害者たちに特有のニーズに基づいて総合的なケアを提供できるようにするために、このような村が作られるのを奨励するのは賢明なことだと思います。この村は、開放と統合をその特徴として打ち出す必要があるでしょう。同様に、ろう者の家族どうしが友情を育て、連帯のネットワークと相互の助け合いを進める活動が生まれるように、夫婦や子育て中の両親を手伝うための場と所定のプログラム（親のための学校）を考えるのもよいでしょう。

教皇庁家庭評議会によってとくに提起されている課題は、家庭が主体的に福音宣教を促進するということです。家庭は、ただ教会による司牧の対象であるのみならず、何にも増して家庭自体が、教会共同体、また市民社会において積極的な主体とならねばなりません。同様に、ろう者の家庭も積極的な主体とならねばなりません。わたしたちは今朝この場で、このように主体的に活動されたあかしを見せていただいたと思います。何よりもまず家族こそが、多様な環境の中で喜びをもって生きている自分たちの信仰をあかしすることによって、福音をのべ伝えなければなりません。信仰教育を受け、また信仰を伝え、できるときにはキリスト教共同体の多様な奉仕活動をともにするようにしてください。家族はその子どもたちに福音を伝えるだけではなく、親も子どもたちによって福音化されます。家族は近隣の人々の中で、また学校やスポーツ団体の中で、またすべての家族がその中に存在する、関係する人たち全体を結ぶネットワークの中で、福音の光を放つことが求められます。

ですから家族は、主イエスにともに歩いていただき、深い霊的生活のうちに、相互理解と変わらぬ友情を生きなければなりません。ろう者が霊的に成長するためには秘跡、とりわけゆるしの秘跡と聖体の秘跡が必要です。ミサ中の手話通訳やろう者のための典礼上の配慮は必ずしもすべての小教区で可能になってはおらず、すべての司祭が告解のときに手話を理解していることは期待できませんが、これまですでに述べられたように、各教区に司牧的配慮のできる司祭が置かれることは実現するでしょう。これについては世界に確かに存在する多数の例から、わたしは自分が把握している例を挙げることができます。わたしも所属しているメキシコの首座大司教区では、少なくとも二つの小教区でかなりの年数にわたってろう者に対する特別な司牧が行われてきました。加えて首都の司教座聖堂では、毎日曜日に祝われるミサや、大司教が司式するミサで、聴覚障害者のために祭儀の進行や説教を手話通訳する人がいます。中には、ろうの信者が率先して求めた結果、ろう者に対する司牧プログラムが司教会議やそれと同格の教会の会議で策定されています。

ご存じのとおり、もっとも緊急にすべきことは、手話を学び、手話でコミュニケーションできる司祭や司牧者を確保することです。先ほどろう者の世界と手話の知識に関する問題について議論する中で、神学生を訓練するという提案がありました。わたしはこの提案は確かに注目に値する方法だと喜んで皆様に申し上げます。いくつかの神学校では、すでに選択コースとして手話が設けられていますが、これはろう者の特別な必要に対応するものです。ここでこのことに関するわたしの経験を皆さんと分かち合わせてください。わたしは、メキシコの大司教区の大神学校で教師として働いていた六年間、毎年神学生のグループが手話の訓練を受けているのを見ました。彼らは上手になろうと一所懸命でした。こうして身に着いた訓練・知識は彼らの司祭職への修練全般に大きな影響を与えるとわたしは信じています。

一般的な家族への司牧において、そしてとくにろう者のいる家族への司牧においては、インターネットによる情報提供やコミュニケーションの技術をうまく利用すべきです。これは殊のほか急を要します。なぜなら、ろう者はインターネットによるコミュニケーション手段を使いこなしているからです。カトリックの有益なウェブサイトは数多くあり、たくさんの情報が提供されていることを知っておく必要があります。

わたしの報告を終えるにあたり、諸団体、信仰共同体、ろう者の家族のための司牧的ケアにかかわっているかたがたに感謝を申し上げます。わたしたちは、結婚講座、神のことばや家族の祈りを聞くこと、カテケージスやキリスト教勉強会での支援など、さまざまな分野を通して、家庭を福音宣教の主体とする肯定的な司牧体験について学ぶことには強い関心をもっております。わたしたち教皇庁家庭評議会は、最上の司牧的実践とは何かを考えるプロジェクトを企画しています。この司牧的実践が広まり、教会共同体への奉仕として位置づけられ、同様の活動を促すためです。ろう者のいる家族の体験の豊かさを、このプロジェクトの中に組み込むことができたら、どんなにすばらしいことでしょう。

Rev. D. José Guillermo Gutiérrez Fernández
教皇庁家庭評議会事務局

第四章　ろう者の司牧

1　ポーランドにおける司祭による聴覚障害者の司牧
――特別な対応が必要な新領域

カジミエラ・クラコヴィアック

ポーランドで司祭によってろう者に特別な支援がなされるようになったのは、ろう者のための最初の学校[1]の設立と教育制度が普及しだしたことにあると考えればかなり古く、十九世紀前半のことです。司祭の活動という観点から見たおもな特徴は、まず、ろう学校におけるカトリック要理教育と宗教教育に密接に結びついたものだったということ、および手話でコミュニケーションをとるろうあ者に配慮するものだったということです。このような司牧の伝統、それぞれの司祭による活動、無欲な献身、価値観、方法論化された経験は、歴史的背景を踏まえてしっかりと検証され、この分野に関して次代に継承すべき知識となる必要があります。ですが、これまで述べてきたことがらは、この論文でわたしが分析を試みるテーマではありません。この会議の目的は、聴覚障害をもつ人たちのために司祭が行う支援の分野で、現在必要とされていることを、カトリック教育と言語治療の観点から解説することにあります。それは、人としての成長を妨げる障壁にぶつからざるをえない聴覚障害者の、統合教育を目指したいという思いを特徴としています。

聴覚器官に障害があることは、個人の価値を下げるものではなく、聖性への召命を制限するものでもありません。しかしながら、聖書や口話による礼拝を理解するうえで身体的制約がある場合、受け取る信仰の内容が乏しくなることはあるでしょう。わたしの分析による基本的仮説は、聴覚障害者の成長を確保するために、口話で話されていることの意味と価値をやり取りしたり伝えたりする能力を制限する障壁を乗り越えるよう支援するということです。ろう者の信仰を成長させるには、いろいろある中で一つには、まことの信仰と結びついたメッセージを言語的な側面から理解できるようにすること、また、教会生活で秘跡や信心にしっかり参加できるようにすることです。個々の聴覚障害者を司牧する場合とくに注意が必要なことは、聞こえの程度に応じてコミュニケーションの方法を工夫し、信仰についての知識や用語を教えることによって、知的欠乏に陥るのを防ぐ必要があることです。

本稿の著者としてわたしが自らに課した務めは、聴覚障害者の運命に影響する文明の飛躍的進歩と相関した、特別なニーズを指摘することです。それにより、新しい成長の可能性がもたらされるかもしれないし、新しいリスクが生じるかもしれません。この考察は、聴覚障害者の教育を目的とするさまざまな形態の学校の生徒、学生、卒業生とかかわった著者の、過去三十年以上にわたる観察と分析、そして著者自身のろうの子どもとその友人たちとの日常的なかかわりから得た個人的経験に基づいています。

ろうあ者のために司祭が従来行ってきた専門的な支援は、教育組織の体制のもとで普及しました。ろうあ者を他から引き離し、コミュニケーション体系をろうあ者の必要条件や要求に合わせたもので、方法論的にはかなり画一的なところがありました。ろう学級の生徒と卒業生は、精神的な素養や、何より言語能力とコミュニケーション能力が似ているという特徴をもった一つのグループだということが前提となっていました。補聴器がなかったころは、生まれたときから、あるいは幼少期から音声を聞くことのできなかった人は皆、ろうあ者として生活していました。この状況は、聴覚に最重度の障害がある人にも、重度の障害がある人にも、また中程度の障害の人の場合でも同様でした。どうにか自分の声を使えるようになった少数の人たちも、ほとんどが人が聞いて理解できるほどには話すことができるようにはなりませんでした。自分の発音を自分で聞いて調整するということができなかったからです。そのため、少し話せる人も話すことができない人も、大抵同じ境遇にとどまり、つながりを維持して、同じコミュニティに属する者どうしであるという安心感を得ていました。この集団に入らなかった人たちは社会的な孤立を強いられ、精神的にすさんでしまったのです。

現在のポーランドのろう者の置かれた状況の主たる特徴は、個人個人の個別の状況の相違を考慮するという、これまでになく熱の入った変化が進行しているというダイナミックな特徴です。こうした区別によって、司祭の活動にも特別なニーズが新たな状況として生じてきました。司祭の務めを果たす際や、聴覚障害者の信仰養成の支援を探るときには、それぞれの状況の違いを考慮しなければなりません。

したがってこの論文の目的は、個々の人の主要なニーズを把握し、神学者や司牧神学の専門家が考えるべき問題を挙げることにあります。これについては後ほど提示しますが、まずその前に、それぞれの家庭環境および社会環境における個々の聴覚障害者の個別の状況について、二十一世紀初頭の現在に起きている変化の特徴と関連させて、簡単に紹介したいと思います[2]。

1　健聴者の中の聴覚障害者

人が全人的に発達するための前提条件は、他者とよい関係をもつことです。相互愛に基づく中身の濃い最良の関係は、全員が共通の言語を話す家族という環境の中ではぐくまれます。ろうの子も含めてすべての子どもにとって、健やかに成長するには、空気と食物はもちろんのこと、親と、また自分のいる環境全体と自由にコミュニケーションがとれる言語が必要です。子どもは生まれながらにして母語を身に着ける能力をもっています。それは、いのちそのものと同様、両親を通して受け取る神からのたまものです。聞こえに問題のある赤ちゃんが生まれた聴者の両親がつらいのは、その子に言語というたまものを、特別な配慮の要らない自然なやり方で伝えることができないということにあります。実のところ、子どもの脳には本来、人間の話すことばの音の類似や差異を認識し、認知したことを分類するという、生まれながらの能力があります。しかし子どもの聴覚器官に障害があると、文字の音声的な次元を捉えられず、意味を音の法則に従って（母音や子音を通して）捉える知能上の手法を習得することができません。そのために、その子の知能は、音素と形態素で成る二重構造をもつ記号体系から成る音声言語を、自然に身に着けることができません。発声器官は話せるようになっているのに、聴覚の働きに限界があるため、正確に音を調節することがうまくできないのです。そのためそうした子は、人と距離を置くようになり、居場所がなくなるという苦しい状況に陥るリスクが生じます。正常な聴力のある人たちとのコミュニケーションが不十分なために、自分が生まれた世界である社会から疎外されたり、その社会の文化や宗教的価値観を身に着けることができなかったりすることになります。それよりさらに深刻な弊害は、音声語から意味を体系化することができないことによって、読み書きが困難になり、書かれたテキストから学ぶのも難しくなることです。文字を認識するようになると、子どもは単語を読むことを身に着け、次に単語を書くことを覚えます。しかし、文法上の形態素を把握できないと文の構造の法則を知ることができないので、単語を正しく組み合わせることを習得することができません。アレクサンダー・グラハム・ベルは聴覚障害のある子どもの困難を、いみじくも「三つの不幸」と定義しました。すなわち、「発話不全、書記言語の認識不全、他者との関係に入っていったり、他者の思いに接したりすることができないための知的発達の不全」[3]。こうした困難の原因は、ろうの子どもの思考に言語体系がないことによります。これは言語療法の分野で「音素のバリア」[4]、あるいは「失声症・発声障害」[5]と呼ばれる問題につながります。聴覚の障害自体が、子どもの知的能力を引き下げてしまうことはありません。他者との接触が少ないために、個々の発達期に知的能力を発揮しにくくなるということなのです。

そこで、親は根本的な問題と対峙することになります。子どもがその家族と、その子を愛してくれる人たちの中で生きていくために、ことばを身に着けるようにするにはどうすればよいのか。その子が家族共同体から疎外されないようにするために、何をすべきか。家族はどうしたらその子との精神的なつながりを強め、深めていくことができるだろうか。専門家には、親の相談してくる問題に対応する役目があります。その子どもの成長にいちばん合った言語学習のシステムを選べるように手伝う必要があり、親を励まし、いろいろ考えた末に選択した道を根気強く歩めるように支えていかなくてはなりません。

ろう者の言語機能の問題にどう取り組むかについては、伝統的な教育学の中にいろいろな考え方があります。この中に、さまざまな哲学的・教育学的動向や実践方法を見いだすことができます[6]。言語学的・言語治療的見地から見ると、次に挙げる二つの基本的な方法がよく知られています。

ａ　言語治療的方法――この方法では、音声言語によるコミュニケーションに基づき、言語的能力、意思疎通力、文化的技能の習得[7]を目指します。聴者と同じ教育方法で、すなわち話しことばを音素として認識する訓練をすることで、ろう者は話す、読む、書くことを身に着けます。

ｂ　手話（サイン）によるコミュニケーションに基づく方法――手話にはジェスチャー（身ぶり）、マイム、視覚認知が使われます。この方法では、すでに手話のおかげで優れたコミュニケーション能力を身に着け、豊富な知の財産を伝えることのできる人たちのいるコミュニティの中に、子どもを置く必要があります[8]。

聞こえに問題をもつ子の親は、難しい問いに答えなくてはなりません。まず初めに、聴者のコミュニティの言語を、特殊な方法を使ってその子に教えるべきかどうかを決める必要があります。次に、どの方法を選択するかを決めなくてはなりません[9]。同時に、代替法を考えてみる必要もあります。音声言語を用いずに、見て分かるジェスチャーを用いる特別な社会的環境を与えてやるのが、その子どものためになると考えるかどうかです。親が手話言語を選ぶとすると、また次の疑問が出てきます。どんな種類のジェスチャー言語を選んだらいいか。あるいは、ジェスチャーによるコミュニケーションの方法に、話し、読み、書くことを併用することはできるかどうか。もしそれができたとして、いつ、どのように始めればよいか。そして、その後に、もっとも重要な疑問が出てきます。聞こえる親が、手話を学び（ほとんどの場合不十分なもので終わりますが）、心からの思いをその言語で表して、子どもを自分たちの家族の文化と宗教の中で育てることができるだろうか、と。

親による選択は、多くの場合、外的な要件で決まってきます。まず、専門家から受ける支援と援助、そしてその家族が置かれた社会環境に影響を受けます。この二、三十年間、聴覚障害のある子どもを育てる家族の基本的な状況は大きく変化しました。それを踏まえ、子どもとその家族の霊的な成長にかかわる司祭が、どのような支援と援助を親に与えられるか、考えてみることが大切です。

2　ポーランドにおける聴覚障害者の状況の変化

変化の要因は二種類に分けられます。一つ目は医療の進歩によるものです。補聴器の技術の進歩と、聞くことと話すことの機能訓練に新しい可能性が見いだされています。二つ目の要因は、新しい考え方が生まれたことにあります。政治・社会運動、また習慣に変化が起き、それまで社会から疎外されていた人々や、周縁に追いやられていたさまざまな少数者《マイノリティ》に対する社会の態度が変化したことです。

一種類目に関連する要因で生じた変化は、何をおいてもまず、聴覚器官に障害をもつ（新生児の時点ですでに問題の見られる）子どもの早期診断、人工内耳、幼児期に行われる医療処置、および生涯にわたる言語療法と教育に関係しています。過去二十年の間に、ポーランドのみならず他の多くの国でも同様ですが、聴覚障害のある子どもへの支援は進歩しています。人工内耳の移植、機能訓練、形成外科手術の効果は、より高いレベルに達しています。このことは、親や若者に大きな希望をもたらしています。こうした変化があって、早いうちから処置を受け、機能訓練技術の恩恵にあずかる子どもが増え、支援学校に通ったり、聞こえる子どもたちと一緒の普通学校に通ったりすることが可能になり、その後大学に進学する者も出てきています（それは二十世紀の終わりには、めったにないことでした[10]）。この目標に達した人たちの数は、まだ満足できるほどではありません。しかし、深刻な言語障害、また文化的な面でのマイナスがありながら、最高レベルの教育に進もうと考えるろうの子どもが増えています。これには、自分を成長させるための大きな努力、鍛練、集中力が必要とされます。それに加えて、家族や学校を取り巻く周囲からの大きな援助と支援が必要になります。

聴覚障害をもつ若者の中に、大きな目標を達成する人が増え続けていることから、聴覚障害者一人ひとりに見合った教育支援がなされれば、同世代の聞こえる若者とほとんど同等の言語をおのずから習得することが確約されていると考えてもよいでしょう。ただしそれを可能にするためには、下記の三つの条件が満たされる必要があるのは明らかです。

a　発話された音を、言語的に意味をなすものとして捉えるためには、子どもは文章の基礎的な要素（音節と音素）を、発せられる会話の流れの中で（音のつながりの中で）、正確に区別する力を着けなくてはなりません。

b　話の内容と、社会での言語体系の個々の要素に帰される意味に触れるために、子どもは、日常生活の中で音声言語を使って話す人々と、継続的なかかわりをもたねばなりません。

c　音声言語で自分を表現する個々の人とのかかわりは、聴覚障害のある子どもを受け入れ、愛しているという雰囲気の中でなされる必要があります。強制や暴力によることなく、明快で理解しやすい教え方をして、子どもの知的、情緒的、社会的成長を促すようにするためです。

しかしながら実際には、聴覚障害のある子どもをもった家族には、上記の三つの前提条件を日々の生活の中で満たすのが容易でないため、困難な問題が生じます。機能訓練技術が向上したからといって、聴覚障害のある子が必ずしも社会で制限なしに活動したり、さまざまな仲間に自由に加わり、一緒に活動的に過ごしたりできることにはなりません。小教区共同体に加わったり、ミサや祈りの集いに参加できるようになったりする保証もありません。その意味で、ろう者は多くの制限や困難にぶつかります。いちばんの障壁は、聞こえが悪いことが原因で話を認識するのが難しいことです。医療や言語治療が収めた成果にもかかわらず、聴覚に特別重度の障害がある人の場合、言語を使ってのコミュニケーションを阻む困難や障害をまったくなくすのは不可能です。困難や障害を減らすことができるだけです。ある程度満足のいく結果をもたらす事例もありますが、逆もまたあります。電子補聴器の場合、音の刺激を増幅させる補聴器も、人工内耳（音波を電子的な刺激に変え、神経系に直接伝達するもの）の場合も、自分の話し方を調節し、ことばを学ぶためには大いに役立ちますが、普通の話し方でなされる会話を、完全に聞き取れるようにするものではありません。とくに話す人の数が多い場合は聞き取るのが難しいことが多いのです。音響型補聴器は、中度難聴あるいは高度難聴の人には大いに効果がありますが、重度の聴覚障害者には音素はごくわずかしか捉えられません。音を聞いて想像する余地が生じるという程度のことです。話の速度が速ければ、音節さえ分からなくなることがあります。こういったケースでは、磁気ループや無線補聴装置も、願いどおりの効果を発揮してくれません。このような場合には、人工内耳が使われます。しかし、セラピストの経験や、この分野の専門家が著した論文に見られる多数のデータからすると、人工内耳は役に立つとはいわれていますが、その移植を受けた子どもの少なくとも三〇パーセントは、話されていることばをうまく聞き取ることができないようです。若い聴覚障害者のほんの一部に限って、音を正確に聞き取ることができるというだけです。こういう状況では、コミュニケーションが音声言語でなされると、聴覚障害者はより大きな努力を払わなければならず、長時間の集中力を保つのに疲れ果てながらも、聞こえの不十分なところを補うために考案された行動をとることになります（読唇術がその最たるものです）。かくしてろう者は、自分が生活し成長する社会環境から、つねに助けてもらわねばなりません。自国語の音声言語を学んだだけでなく外国語を話すろう者には、聴者とのコミュニケーションを図るための特別な条件も必要になります。これには、何をもっても、コミュニケーションのかたちを意味が通るように分かりやすく単純化することが大事で、相互理解のために特別な注意を払う必要があります。

さらなる困難は、個別のニーズがいつも同じではないことです。ただ一つの支援システムをすべての人に押しつけることはできないし、相互理解の方法も一つだけ普及させればよいのではありません。補助的手段も一つだけ（例を挙げると、一種類だけの手話）というわけにはいきません。個人の多様なニーズにしっかりこたえるさまざまな有効な方策があります。視覚、比喩的な思考力、また心理的イメージを利用するものなどです。こうした方法は自然言語の学びを簡素化し、コミュニケーションを楽にし、生活の質を高めます。また、筆記を用いてもいいし、指文字を使うこともできます。さらに、話されていることを視覚化するのにキュード法(11)を併用することもできます。キュード法は

（訳注＝音節をベースにして話しことばを視覚化する会話法で、手で子音を表示し、話すときの自然な唇の動きと組み合わせることで、唇の動きでは同じように見える単語を視覚的に識別し、読み取るもの）

音節の区別を容易にし、そうすることで会話の中でより多くのことを認知し、理解できるようになります[12]。これらの補助的なシステムを採用するには、聞こえる人の側の技術、包容力、そして自制心が必要になります。効果的な支援が難しいのは、社会の側に聴覚障害者についての知識不足と、彼らに不利益となるような態勢があるからです。ここでは否定的なアプローチや悪意の表現については言及しません。事実、そういうことはめったにありません。困難が実際に起こる原因は、聴覚障害やその影響についての十分な知識、あるいはこの病理を抱えた個人の可能性について、単純にステレオタイプで捉えることによります。社会における関係の変化は、医学的知識や技術の進歩にかかわる変化ほどの速度では起こりません。聞こえないことを精神的障害と結びつけるというゆがんだイメージを増幅してしまう、型にはまった古い考え方がいまだにあります。また、補聴器の効果を絶対的なものと単純かつ楽観的に考えすぎる傾向もあります。マスメディアは新しい技術で開発された補聴器や類似の器具についてすぐに報道し、さまざまある手話をそれぞれが最上のものであるかのように宣伝します。

いちばんの問題は、多様な少数者《マイノリティ》による権利と恩恵を求める闘いに注力した、政治的・社会的な運動によってもたらされる問題です。それぞれ自分たちの理想に駆られたこうした運動の代表者は、ろう者を自分たちの側に巻き込もうとしますが、ろう者の真のニーズには興味をもちません。ろう者を、民族的・性的少数者と同列の社会的グループとみなし、ろう者の権利のために闘ってくれる代わりに、選挙での支持を得ようとします。こうしたことで、聴覚障害者は社会的に活発になり、一つのグループとして自立しようという思いが強まります。そしてこれが一部の聴覚障害者に、自分たちの個性について誤ったイメージをもたせてしまい、社会に対する否定的な態度を強めさせることにもなっています。そうした聴覚障害者の観点からすると、社会には、自分たちが自立できるよう支援と援助を提供する義務があり、運命として与えられた障害を補償するための特権を与える義務があると思うようになるのです。こうして自分たちに正義がなされていないという気持ちが膨らむばかりでなく、聞こえる人に対して、また聴覚障害者であるにもかかわらず聞こえる人に統合していこうとする者に対して、欲求不満や憎しみが膨らみます。

3　ろう者の新しい状況の中での手話とジェスチャー言語の役割

社会の認識が変わったことの表れの一つは、実に文化的現象ともいえるほどに、手話に興味をもつ人が増えたことです。これはまぎれもなく、変わったもの、予想外のもの、よく分からないものなら何でも面白いという考え方からくるもので、二十世紀の終わりから二十一世紀の初めにかけての典型的な傾向といえます。その結果、手話言語に関する無数の神話が生まれ、それを使うろう者に関する根拠のない見解も広まりました。このような表面的な興味のもたれ方は今でもあり、これが手話を使う聴覚障害者に典型的な問題のイメージをゆがめることになっています。ろう者は実際、手話だけではなく、さまざまな記号体系を使って会話しています。ジェスチャーもいろいろな系統があり、そのすべてを真の意味で言語と呼ぶことはできません。

ポーランドでは手話は統一されていません。手話は個人言語（idiolect）の集合であり、さまざまなグループで徐々に承認されるようになった記号体系である、と定義することができます。それは今も進行中です。しかし、手話を使う社会集団は個々別々に存在するのではありません。逆に手話単語にはいろいろな表現があり、また別体系で使われることもあります。サインを使ったコミュニケーションの方法でもっとも重要なものは次のものです。

a　ファミリー・ジェスチャー――ジェスチャー／マイム（身ぶり手まね）から成るサインの集合体。聴覚障害の子ども（聞こえる家族に愛されている）をもつ家族や小グループの中で、自然発生的に生み出されたもの。音素でできた言語ではない。単一の階層に属し、文を構成することはない。

b　自然手話——古代手話あるいは古典手話とも呼ばれるが、多人数のろう者が集結しているところで伝統的に使われている。音素からできた言語ではなく、二つの階層[13]があるが、固有の文法はもたない。この言語には、地域、環境による変形が見られる。この言語とその統一性に意識的に注目してみると、これは教育レベルの高いポーランド人ろう者が使用するものと比較的類似の言語系の誕生に直結している（ポーランド手話ＰＪＭ[14]）。

c　ポーランド・ジェスチャー・言語システム（ＳＪＭ）——ポーランド語と指文字を教える目的で、人工的に合成して作られたもの[15]。

d　混合ジェスチャー・システム——これには、言語学的なものと非言語学的なものがあり、ろう学校の生徒たちによって自然発生的に使われている。

手話は、聞こえに重度の障害を負った者の第一言語だということが広く信じられていますが、こういってしまうと、このシステムが矮小化されてしまいます。手話を母語（第一言語）とするということは、祖父母も含めて、聴者の家族がまったくいない家庭で、ろう者の親に育てられたろう児にだけしか該当しません。ろうの両親をもつろう児は五〜一〇パーセントしかいません。聴覚障害をもつ子どもの九〇パーセント以上は、聞こえる家族の中に生まれます。ろう児をもったろう者夫婦というのは、二五パーセントを超えません。長年にわたる観察の結果、次のような理論に行き着きます。手話はまず、自己治療的な集団での歩みの結果として生まれたものです。手話の誕生に至った主要な要因は、分離教育のシステムとその教育上の失敗にあります。ろう児はろう学校の中で、ほとんどの時間を互いに学び合いながら手話を身に着け、新表現、新しい意味合いを無数に生み出します。また、聞こえる家族の中で育ったろうの級友程度の口話力も習得します。ろう学校に行かないろうの子どもは、言語を作るということはしません（自然手話は二つの階層をもった派生性のある言語体系とみなされています）。代わりにそれらの子どもたちは、身近なところで使う自分なりのおびただしい数のサインを作っています。

ジェスチャーと手話は人間の創造性の産物であり、称賛に値します。これは明らかな事実であり、ろう者が簡易なコミュニケーションシステムを求めているのではないということは尊重されなければなりませんが、だからといって、聞こえる家族の中で育つ聴覚障害児にとって、この言語を使用すること（なかでも、それだけを使わせること）がいちばんよいと言い切ることはできません。ろう者は実際には、狭義の民族的少数者ではありません。ろう者は聴者の子であり、その後継者でもあります。ろう者は自国語と自国の文化を受け継ぎ、祖先の宗教の中で育つ権利を有します。言語的少数者とみなされることは、ろう者にとって何よりも危険です。このようなアプローチでは、ろう者は除《の》け者にされ、継承する権利を奪われ、家族とのつながりを奪われ、教育を受けることがますます困難になってしまいます。それゆえ、聴者とろう者の間の垣根をなくすことに努めなければなりません。

最近の変化のもたらした重要な結果として、従来、司祭の支援に任されていたろう学校に通うろうの生徒数の減少があります。施設には、ろうの子どもの代わりに、さまざまな別の障害や重複障害（身体障害、知的障害、行動障害、軽・中度の聴覚障害を併せもつ場合もある）をもった子どもや若者が増えています。このような場合、子どもは別の機能訓練の方法や教育方法のみならず、信仰教育や宗教教育においても、さらには司牧のしかたに、異なる方法で取り組むことが必要となります。コミュニケーションや教育の方法をさまざまな生徒の個々のニーズに合わせるにあたって、配慮が足りなかったり、手話を画一的に用いがちな授業が伴ったりすると、コミュニケーションに重大な支障をきたし、若者の宗教心の成長を妨げることになります。

要理教育や宗教教育、司祭としての職務、宗教者としての生活で、身ぶりを用いることの役目と可能性や、手話にもさまざまな選択肢があることを考えるのは不可欠です。すべての聴覚障害者が手話によって現実を理解することができるようになると思い込むことは、聴覚障害者についての間違った、害のある考え方です。しかし、実際に若者によって使われているジェスチャーや手話の違いについて分かっていないと、教育や信仰教育に直結する活動にとっても、司牧的奉仕の活動にとっても、大きな壁となり、妨げになります。

4　ろう者のグループの解放（emancipation）の問題

聴覚障害者は健聴者のコミュニティに入っていこうとするとき、大きな困難を経験します。この困難は、ろうの若者の一部が自立を模索しようとする際、痛いほど表れます。ろうの若者たちが解放を求める運動は、外からの刺激を受けており、聴覚障害児が受けられるようになった医学および言語治療ケアの中で起きた変化に、間接的に起因しています。この変化は、ろうの若者の人生の選択に関する典型的な二つの動きとして現れてきます。それは音のない世界からの飛躍と、音のない世界への飛躍と定義づけられます。すなわち、同じような障害をもつ者の多くいる社会を選ぶか、聞こえて話せる人たちに開かれている社会の中で、自分自身の居場所を探すかです。一方では、幼児期の早くから受けることのできる医療と言語治療の分野の進歩により、聴覚障害者が高いレベルの言語能力を獲得することが可能になっています。その結果、そのような医療を受けた者は、健聴者と自由にコミュニケーションをとることが可能になります。しかしながら、裏を返せば、コミュニケーションの際の違和感によりフラストレーションが付きまといます。こうした状況にあっては、ろうあ者は、ろうあ者のコミュニティと手話の伝統と結ばれた環境への愛着を強めることになります。そこには次のような、二つの現象が見られます。

1　聴覚障害をもった若者のグループがますます数を増し、多くが中等教育、大学、博士コースと進む道を選ぶようになる。音声言語で話す人のコミュニティに属し、その一部になる人もいるが、引き続き特別の支援は必要とする。

2　聴覚障害者のかなりの数の者が、健聴者の中で教育を受けた後、手話を選んだろう者の仲間に戻り、健聴者の世界から距離をとり、あるいは否定的な態度を取り、ろう者の自立と特権を求めるようになる。

この二つの性格の動きは顕著です。機能訓練の効果が最大に出て音声言語を使うようになった多くの人が達成した成功が刺激になって、手話にこだわり、音声言語で話す人の社会から孤立して暮らす人のコミュニティとどうしたら連携できるかを研究するきっかけになりました。この動きは、ろう者の機能訓練や再教育にこだわる専門家と難聴者との間に、目に見える緊張感をもたらしています。これが無理解や水面下の争い、そして何よりも心理社会的で社会言語学的な流れに対する無力感——二つの対照的な傾向の原因を理解しようとするのは非常に難しいことです——、これらを助長する原因にもなっています。ろう者のためによかれと思ってなされる活動——司牧活動も含まれますが——には必ず、このような現象が存在することを忘れてはなりません。

これまでの考察を要約すると、ろう者と難聴者のもつ均一ではない特徴をしっかり認識することが大事だということです。彼らは均一な一グループを形成しているのではなく、また見てのとおり、それぞれの症状に固有の問題や課題の単一要素で結ばれた一つのコミュニティを形成しているのではないのです。聴覚障害には事実、いろいろあり、人によって機能障害の度合いやタイプに違いがあります。[16] 子ども時代の生育状況は一人ひとり異なり、機能訓練の目的や方法やシステムやその結果もまちまちです。しかしながら、この問題についてのさまざまな意見を一緒くたにしようとする危険な傾向があります。そういった意見はほとんど紋切り型で、機能訓練や教育や社会的な支援の方法に関しても、たった一つの解決策を探そうとする傾向がみられます。ろう教育に関する新しい考え方には、今流行している反教育学的な思想を含めていろいろありますが、それが一般化してしまうのは危険なことです。これらのさまざまな考え方は、互いにぶつかり合い競い合っているさまざまなイデオロギーに基づいており、現実的な解決を混沌とさせ、感覚器官の障害に起因する問題を抱えている人たちの生活を、正常にもっていくどころか、かえって状況を悪くしてしまいがちです。従って、こうした変化が、病的な現象を悪化させてしまうような極端な思想や行動につながらないようにすることが大事です。もっとも大きな危険は、言語的少数者と称する人たちで構成されているグループが社会から孤立することです。このようなグループは、特権的な利益のために行動する人たちに、いいように操られがちです。障害やグループの自立について錯覚しているため、自分たちの力で自分たちの置かれた状況を見極められないことにより団結しています。こうして社会のサブカルチャーに属することで、子どもや若者の成長がセクトの中でなされ、病的な現象を生じることになります。人格を重んじるということは、それと同時に、人間の自由について筋の通った、いろいろな動機からなる考え方に基づいてなされるものです。こうした考え方に従えば、錯覚的な単純化に反対することには、道徳的な義務があるといえるのではないでしょうか。

5　司牧における聴覚障害者の特別なニーズ

司牧の分野での聴覚障害者のニーズを知り、それを分類しようと試みるには、彼らの生活のあらゆる面を考慮に入れる必要があります。そこでは、霊的な助言者・支援者としての司祭の存在が、心の成長を促し、深い人間性をはぐくむ助けになります。このことを考えるにあたっては、子どもの聴覚障害は家族にかかわる実存的なドラマであり、家族で取り組まなければならないのだということを理解する必要があります。そのような状況下では、支援を含む行動はまずもっぱらろう児のみでなく、家族にも向けられなくてはなりません。

このような障害をもつ子どもを育てる親の多くが、司祭と連絡を取ることが必要だといっています[17]。わたしがインタビューした親たちは、子どもとともに向き合わなければならない困難の特性を理解できる司祭に話したいというニーズを強調しています。親たちは子どもが信仰面で成長していけるように手伝ってほしいと願うとともに、この経験の意味を、信仰の光に照らして理解したいと思っています。

家族のニーズは、次の三つに分類されます。

1　子どもが聴覚障害と診断されたことが心の傷となり、苦しむ親に対する精神的な支援のニーズ。この支援は何よりも、否定的な感情を克服するため、また精神的なバランスを取り戻し、運命が強いる困難な経験を受け入れるために必要となる。不公平だというような思い、罪悪感、後悔、反発、絶望という感情をコントロールするための助言となることが多い。

2　障害をもった子どものためにしなければならないことを必死でしている親が落ち着きどころを見つけるまでの、長期間の支援というニーズ。

3　信仰を伝えるため、宗教教育を行うための、助言と支援のニーズ。話しことばの発達に遅れのあるろうの子どもの場合、宗教教育は親がお手本を見せるだけでは十分でない。特別な教育の手法のニーズ。コミュニケーションを円滑にし、宗教用語を教えたり、考え方を深めさせたり、家族の信仰生活に積極的に加わるよう仕向けたりすることなど。これらは子どもの個々の状況に合わせて行われるべきである。

上記の二番目の一連のニーズは、組織と支援体制の向上における変化に関連しています。統合教育の分野での支援体制は、さまざまな社会状況の中で行われる特別な措置として実際見ることができます。それを踏まえ、カトリックの信仰教育と特別な司牧的支援はともに、新しい社会状況に適応していなければなりません。こう考えた場合、ニーズは次のような要点にまとめることができるでしょう。

1　健聴者と暮らし、勉強もともにする聴覚障害者を司牧するうえでのニーズ。なかでも小教区共同体に属させることの必要性。

2　いろいろな形式の教育、またいろいろなレベルの言語的能力のある中で、カトリックの信仰教育と宗教教育を行うための方法論を確立する必要性。とくにこれは、子どもたちを統合教育の中で教育するときの方法と、障害が重複している子どもにも適用される方法（内容を表す画像など、目で見て分かるものを使ったり、手話を使ったりする従来の方法だけでは不十分）。

3　ミサの典礼や他の形式での礼拝に、ろう者が完全に参加しやすい状態を作り出す必要性（これには、口話によるコミュニケーションを助けるべく慎重に選ばれ策定された方法を取ること、万人にとって利便性のある内容伝達システムを用いること、聴者の社会がろう者や彼らとの連携に開くことが必要になる）。

4　小教区共同体の聖職者および信徒の間に、聴覚障害者のニーズについての知識を広める必要性。

ろう者とともに行う司牧の活動は、教育活動と同じく、ヨハネ・パウロ二世が「思いやりという想像力」と呼んだ心のあり方を必要とします。ろう者のニーズに心を開けば、わたしたちは、聴覚障害は個人間のコミュニケーションと対人関係を妨げてしまうために、障害をもったその人のみでなく、ろう者が接するすべての人の問題になるということが理解できるようになります。もしわたしの話し相手が聞こえなかったら、わたしはどう話せばいいか分かりません。もしわたしの話し相手がことばに意味があると分からなければ、わたしが話していることはむなしく、中身のないものになります。もしわたしの話し相手が自分のことを正確に表現できなければ、わたしはその人のいいたいことを理解することも、思いに触れることも、その人がどの程度の知識と力で思考しているかを見極めることもできません。このように、こうした障壁を取り除くために、わたしたちは話すことを学ばねばなりません。聴覚障害者と話すことを学びつつ、彼らのニーズに対応するとき、わたしたちは彼らの困難や苦しみにかかわっているだけではなくなります。――わたしたちは人生の豊かさと偉大さを発見する喜びに加わっているのです。聴覚障害者に連帯を示す行動を取ることで、自身を彼らの置かれている状況に合わせてみようと、いろいろとやってみることはすべて、今まで知らなかった新しい対人関係への空間を開き、障害者にとっても、彼らと働いている人たちにとっても、成長の新しい分野を生み出していきます。しかしながら、この仕事は楽ではありません。ろう者に対しても自分自身に対しても姿勢を大きく変える必要があります。わたしたちに言語能力についての思い込みや優越感を捨てさせ、わたしたちの態度に変化をもたらすことにもなります。ろう者とともに学ぶ中で、わたしたちは愛を告げ、真実を伝えることのできるよい口とよい手をもつようにならねばなりません。

Prof. Kazimiera Krakowiak
ポーランド、ルブリン、ヨハネ・パウロ二世カトリック大学社会学部教授、教育学研究所特別教育主任

注

1 ポーランドの領土で初めてのろう者のための学校、ワルシャワろうあ学校を創立した（1817）のは、イャコブ・ファルコフスキー神父（1775-1848）である。

2 本論文が短いことに鑑み、文献目録は、どうしても割愛できないものだけにとどめた。

3 R. O. Cornett and M. E. Daisey, *Czym jest Uszkodzenie Stuchu, (w;) Metoda fonogestów w Stanach Zjednoczonych i w Poslce. Wspomaganie Rozwoju Językowego Dziecii Młodziezy z Uskodzonym Słuchem* (red. E.Domagala-Zyśk, Lublin Wyd, KUL,(2009) p. 23.

4 K. Krakowiak, *Fonogesty Jako Narzędzie Formowania Języka Dzieci z Uszkodzonym Słuchem* (Komunikacja Językowa i Jej Zaburzenia. T.9, Lublin, Wyd, UMCS, 1995) p. 36.

5 B. Ostapiuk, 'Zaburzenia Dźwiękowej Realizacji Fonemów Języka Polskiego-propozycja Terminów i Klasyfikacji', *Audiofonologia* 1997, t. X, pp. 117-136. Reprinted in Logopedia 28, 2000.

6 Vedi K. Krakowiak, 'W Poszukiwaniu Własnej Drogi Wychowania Dziecka Z Uszkodzeniem Słuchu (próba oceny współczesnych Metod Wychowania Językowego)', *Audiofonologia* 2002, t. XXI, pp. 33-53. Reprinted in *Studia i Szkice o Wychowaniu Dzieci z Uszkodzeniami Słuchu* (Lublin Wyd, KUL, 2006), pp. 135-155; Vedi K. Krakowiak, 'Antynomie Poznwcze w Surdopedagogice i Sposoby Radzenia Sobie z Ich Dolegliwością', in *Filozofiaa Pedagogika. Studia i Szkice*, (red. P.Dehnel i P. Gutowski. Wrocław, Wyd, Nauk, Dolnośtąskiej Szkoły Wyższej Edukacji, TWP,2005), pp. 151-170. Reprinted in *Studia i Szkice o Wychowaniu Dzieci z Uszkodzeniami Słuchu* (Lublin, Wyd, KUL, 2006), pp.81-95.

7 S. Grabias 'Mowa i jej zaburzenia', *Audiofonologia* 1997, t. X, pp. 9-36.

8 M. Świdziński, 'Głusi Uczniwie Jako Uczestnicy Badań Nad PJM', *Audiofonologia*, 2000, t. XVII, pp.67-68. Reprinted in *Studia Nad Kompetencją Językową i Komunikacją Niesłyszacych* (red. M.Świdziński, T.Gałkowski. Warszawa, UW, PKA, Instytut Głuchoniemych im. ks. Jakuba Falkowskiego, 2003), pp.19-29.

9 K. Krakowiak, 'W Poszukiwaniu Własnej Drogi Wychowaia Dziecka z Uszkodzeniem Słuchu (Próba Oceny Współczesnych Metod Wychowania Językowego)', *Audiofonologia* 2002, t. XXI, pp.33-53. Reprinted in *Studia i Szkice o Wychowaniu Dzieci z Uszkodzeniami Stuchu* (Lublin, Wyd, KUL., 2006), pp.135-155.

10 K. Krakowiak, *O Wsparcie Słudentów Niesłyszących w Społeczności Akademickiej Katolickiego Uniwersytetu Lubelskiego* (Wydawnictwo KUL, Lublin, 2003).

11　J. Cieszyńska, *Od Słowa Przeczytanego Do Wypowiedzianego. Droga Nabywania Systemu Językowego Przez Dzieci Niesłyszące w Wieku Poniemowlęcym i Przedszkolnym* (Wyd, AP, Krakow, 2000).

12　K. Krakowiak, *Fonogesty Jako NarzędzieFormowania Języka Dzieci z Uszkodzonym Słuchem, Komunikacja Językowa i Jej Zaburzenia* T. 9 (Lublin, Wyd. UMCS, 1995); Studia i Szkice o Wychowaniu Dzieci z Uszkodzeniami Słuchu (Lublin, Wyd. KUL, 2006); K. Krakowiak and J. Sękowska, *Mówimy z Fonogestami, Prezewodnik dla Rodziców i Przyjaciół Dzieci i Młodziezy z Uszkodzonym Słuchem* (Warsaw, WsiP, 1996).E. Domagała-Zyśk (ed.), *Metoda Fonogestów w Polsce i w Stanach Zjednoczonych. Wspomaganie rozwoju językowego dzieci i młodzieży z Uszkodzonym Słuchem* (Lublin, Wyd. KUL, 2009).次のウェブサイトも参照。www.fonogesty.org.

13　W. Stokoeがこれらのジェスチャーを一つ一つ取り出し、音素に対比的な価値をもつと分析し、手話素（chereme）と名づけた (B. Szczepankowski, *Niestyszqcy — Głusi — Głuchoniemi. Wyrównanie szans*, Warsaw, WsiP, 1999, p. 134)。

14　M. Świdziński, 'Głusi Uczniowie Jako Uczestinicy Badań Nad PJM', *Audiofonologia*, 2000, t. XVII, pp. 67-78. reprinted in: *Studia nad kompetencją jezykową i komunikacją Niestyszacych* (edited by M. Swidziński and T. Gałkowski, Warsaw UW, PKA, Instytut Głuchoniemych im. ks. Jakuba Falkwskiego, 2003), pp.19-29.

15　B. Szczepankowski, *op. cit.*

16　K. Krakowiak, *Pedagogiezna typologia uszkodzeń słuchu i osób nimi dotkniętych*, [w:] "*Nie głos, ale słowo...*", *Przekraczanie barier w wychowaniu osób z uszkodzeniami słuchu*, edited by K. Krakowiak and A. Dziurda-Multan (Lublin, Wyd. KUL, 2006), pp. 255-288.

17　A. Kucharczyk, *Problemy Rodzin Wychowujących Dzieci z Uszkodzeniami Słuchu*, doctoral thesis written under the supervision of the free lecturer Prof. K. Krakowiak (KUL, Katolicki Uniwersytet: Lubelski Jana Pawła II, Institute of Pedagogu, Chair of Special Pedagogy, 2007).

2　共通のテーマでの六つの証言「司牧の経験」

2・1　一司教

パトリック・A・ケリー

一人の司教とわたしたちのろうの兄弟姉妹――一人の司教と目の人たち。イエスは、使徒のしるしを継承するために、まず一人の司教を選びます。これこそもっともすばらしいしるし。イエスは復活されました。使徒たちと同じように、わたしは、いつも、どこでも、それを喜び告げ知らせます。「わたしは受けたものを伝えます。聖書にあるとおり、キリストはわたしたちの罪を取り除くために死に、葬られ、そして聖書に記されているように、三日目に復活しました」。

ろう者であるわたしの兄弟姉妹、わたしの友達である目の人たちがわたしを助けてくれます。彼らがわたしに、イエスの復活を告げるマタイ、マルコ、ルカ、ヨハネの四福音書をどう受け止めたらよいかを教えてくれます。わたしの聞こえない友たちがいいます、「これをあなたの目で受け止めなさい」と。

見なさい、ね、女性たちが墓に来ます。ね、いい香りのする油を携えています。見てごらんなさい。太陽が昇りました。さあ、見てごらんなさい。大きな石が脇に転がされています。ごらんなさい。イエスはそこにおられません。司教であるわたしは、すばらしいしるし、イエスが復活されたことを自分の目で受け取ることを学んだのです。

次です。イエスは使徒たちをゆるされました。一人は、三度もイエスを知らないといい、すべての者がイエスを見捨て、使徒たちは気落ちして、イエスを無視し、イエスを愛さず、イエスに従わないことを選びました。しかし、日が傾くころにイエスは、あなたがたに平和があるようにというしるしをしながら、使徒たちのもとに現れます。イエスは彼らにご自分の手と足と脇腹を見せます。イエスは彼らをおゆるしになり、死から復活させてくださいます。トマスはそこにいませんでした。彼はいいます。主は復活していない。わたしは信じない。主は亡くなっておられる。八日後、イエスが来られます。十一人の真ん中に立ちます。そして、トマスよ、来て、わたしの手、わたしの脇腹を見なさい。ここに指を入れてごらんなさい。手を入れてごらんなさい――。イエスは彼をゆるします。イエスは彼を復活させてくださいます。ゆるしは、いつくしみが触れたことの目に見えるしるしです。司教であるわたしは、いつくしみを示すため、ゆるさなければなりません。わたしの友である目の人たちは、いつくしみ、ゆるしを見て、触れることをわたしに示してくれます。聞き、見て、触れ、味わうのです。だから教会は、いつくしみと、ゆるしと、復活の栄光によって輝いているはずです。

三番目に。司教はイエスを信じる者たちとともに唯一の教会、一つの家族、一つの聖霊、一つのからだを預かっています。だれもがすべての他者を必要とします。相手もまた、わたしを必要としています。

ろう者の兄弟姉妹と歩むことで、わたしは教えられました。どうしたらわたしたち皆が神のしるしを受け取ることができるかを。どのようにしてわたしたち皆が心を一つにして歌い、手話を表し、わたしたちの唯一の父をたたえられるのかを。目の人でおられるわたしたちの唯一の主を通して。主はごらんになりました。聖霊との結びつきをもって、美しいしるしの数々を見ておられました。

そして話を、今ここローマに戻しましょう。ろうの兄弟姉妹は、わたしたちから遠くにいて、孤立していました。さあ、教皇ベネディクト、神から祝福されたかたである教皇ベネディクト、わたしたちを一つの教会、一つの家族、一つの仲間として、祝福し、強めてください。司教であるわたしは、今日も喜び感謝をささげ、たたえ、告げなければなりません。イエスは復活されました。わたしたちも復活させられます。聖霊における新しいいのちです。沈黙の聖母であるマリアとともに歩む仲間と、聖ペトロ、聖パウロ、そしてすべての聖人とともにあるのです。

H. E. Msgr. Patrick A. Kelly
イギリス、リバプール大司教、聴者

2・2　行って、福音をのべ伝えなさい、ろう者を含むすべての人に

ポーフェリオ・ガロン

初めに

ろう者であるわたしポーフェリオ・ガロンは、訪問カテキスタとして、フィリピンのセブ首都大司教区内の八つの小学校でろうの子どもを教えています。製図技術を専攻して一九九二年に卒業しました。ろうの女性と結婚して、二人の聞こえる子どもがいます。セブにあるグァランディろう宣教所に雇用されています。この宣教所は、一八七二年にイタリアのボローニャでジュセッペ・グァランディ神父によって創立された「ろうあ者への小さな宣教会（The Little Mission for the Deaf and Dumb)」に属しており、一九八八年にセブに開設されました。

1　われわれの使命

聖マルコによる福音には、イエスによる使徒たちへの命令が書かれています。「全世界に行って、すべての造られたものに福音をのべ伝えなさい」。イエスは、あらゆる世代のすべての人に神の愛と救いのメッセージ

を広めるご自身の仕事を続けるようにと、使徒たちを送り出したのです。

ジュセッペ・グァランディ神父（一八二六～一九〇七年）はこのメッセージを、とりわけろう者に届けたいと望んでいました。この目的をもって、神父はイタリアに「ろうあ者への小さな宣教会」を設立しました。この会はブラジルとフィリピンにも広まり、ろう者への教育と福音宣教の仕事をしています。

わたしはこの宣教会で、「ろう者のための使徒運動（Apostolic Movement for the Deaf: AMD）」のリーダーとして、またろうの子どものカテキスタとして働いています。わたしは、ＡＭＤのリーダーとして、他のＡＭＤのメンバーとともに、小学校卒業後も日曜日に宣教所に通ってくるろうの子どもたちのために、祈りのグループを作ったり、黙想会を催したりしています。同時に、この十五年間、セブ首都大司教区の小学校で、ろうの子どもたちにカトリックの教えを教えてきています。どちらの仕事も、ろうの子どもに情報を伝えるのですから、当然たいへんな仕事です。しかし、わたしは自分自身がろう者なので、彼らの考え方が分かるという点で少なくとも恵まれていて、その点で有利といえます。

音声言語や手話で伝えられる情報を吸収する力は子どもによりさまざまです。わたしは、事実や考え方を説明する際に、クラスの子ども全員に伝わるように、もっとも分かりやすく伝えることに心を砕いています。わたしたちフィリピン人にとっては、英語は第二言語であって、文法も語彙も難しいです。ろうの子どもたちにとってはなおさらです。ですからわたしは、ろうの子どもたちが宗教的な概念を面白いと感じ、理解しやすいように、やさしく言い換えて伝えるようにしています。

教室の中で効果的に伝えることの難しさは、ミサを手話で通訳する際にも経験することです。ミサの間の手話通訳について、わたしたちろう者が経験を分かち合った中で、次のようなコメントが挙がっています。

1　通訳者にとって大切だけれども難しいことは、ろう者が理解できるように、よどみなく、かつはっきりとした手話表現ができるようになることです。通訳を成功させるには、専門的な手話能力があること、通訳をする機会ごとに十分な準備をすることが本質的な要件となります。

2　すでに述べたように、ミサに来るろう者の、手話で伝えられる情報の意味を読み取る力はまちまちです。ですから、簡単な、すぐに理解できる手話が使われることが大切になります。できることなら、身体の動きや、指差しや、顔の表情や、目線を合わせることなど、適切なボディーランゲージ（身ぶり言語）を併せて使うのがよいでしょう。

3　通訳者が、祈りや朗読箇所や歌をよく把握し、丁寧に準備することが、効果的な通訳には欠かせません。そのような準備をしていれば、歌のテンポが速いときや、なめらかに通訳するのが難しいことばが出てきたときなどに大いに助けになります。よく準備をすることが、簡明でゆったりした、分かりやすい通訳をする助けになります。

4　手話通訳をするとき、固有名詞や指文字で表さなくてはならない語や、話の本筋に重要でない部分を省略するのがよい場合も少なくありません。通訳の途中で手を止めることは、できるかぎり避けるべきです。音声で話されていることを、ろう者が、途切れない一貫した手話表現によって受け止められるようでなければなりません。

5　ミサをろう者のために通訳する目的は、司牧にあります。ですから、説教中に司祭がいわなかった祈りや考察であっても、ろう者の霊的生活に助けになると思ったなら、通訳者が適宜挿入するのもよいでしょう。この意味で司牧にかかわる通訳者は、一般的な通訳者であると同時に、助手でもあるのです。

6　わたしたちフィリピンのろう者は、なぜもっと多くの司祭が手話を学ぶ時間や、ろう者のコミュニティで過ごす時間を見つけられないのか、不思議に思っています。わたしたちはしばしば、告解を聞いてくれる司祭を見つけるのに苦労します。なぜ神学校にろう者のニーズについて学ぶ授業がないのか、手話に触れる機会がないのか、聞きたいと思います。神の助けによって、この状況がよくなるように望んでいます。イザヤ書（52・15）を引用した聖パウロのことば（ローマ15・21）が実現しますように——「彼のことを告げられていなかった人々が見、聞かなかった人々が悟るであろう」。この預言者のことばを考えるにつけ、イエスがあがなわれたいのちと教えをろう者に伝えることの大切さに気づかされます。ろう者はすぐにほったらかしにされて、キリスト教の知識や理解を欠きがちだからです。わたしは自分の仕事を、困難ながら、大きな満足を得られ、霊的な喜びであると感じています。

わたしを含め何百人ものろう者が、「ろうあ者への小さな宣教会」、イタリアをはじめ各地から献金してくださる多くのかたがた、またこの宣教会とともに働いているボランティアのかたがた、そして皆さんがなさっておられる教育的、社会的、司牧的仕事に感謝しています。それぞれの教会でより多くのかたがたが、「ろう者のための使徒的活動」にかかわってくださり、皆さんの中に埋もれているろう者を孤立から救ってくださることをお願いいたします。

2　イエスのことば（マルコ7・24）を考える

二千年ほど前に、イエスは「エッファタ」ということばをいわれました。すなわち「開かれよ」といって、ろうあの男の聞こえない、話せない障害をいやしたのです。この時代にもイエスは、開かれよ、言い換えれば、自身を隣人に対して開いていなさいと、わたしたち皆に求め続けています。イエスはわたしたちの心と知性に語り続けておられるのです。

イエスはろう者に「エッファタ」と言い続けています。ろう者に、愛で結ばれた共同体、とくに教会共同体の中で、毎日の生活においてキリスト教的な教えに従って、喜びと希望に向けて開かれているようにと呼びかけておられるのです。イエスはろう者の親やその家の人たちにも呼びかけています。「愛は家庭から始まる」という古い格言を思い起こして、ろうの家族を、愛をもって受け入れるようにです。まず自分の家族を愛さないで、どうして他者を愛したいなどといえるでしょうか。ろう者は愛や受容という大切なものを、自分の家族から得られずに、どこに探し求めたらよいのでしょうか。イエスは、一つの教会であるわたしたちに、またご自分の生きたからだを構成する成員であるわたしたちに、「エッファタ」と呼びかけ続けています。わたしたち一人ひとりが、同じ主のからだに属する成員であるろう者を温かく迎えるために、心を開くよう呼びかけておられるのです。

イエスはいわれました。飢えた人、渇く人、病気の人にすることは、イエスのためにしたのと同じだと（マタイ25・35―36）。だからわたしたちは、ろう者のためにできることは、キリストがご自分のためになされたこととして受け止めてくださると確信しています。イエスが「エッファタ」というとき、わたしたち市民社会がろう者のニーズに心を開き、同じ市民であるろう者の尊厳と権利を尊重するように呼びかけておられるのです。

キリストのことば「エッファタ」が、すべての人の人生にいやしをもたらし、何も生むことのない、他者の求めに対する無関心から解き放ち、ろう者の兄弟姉妹を含むすべての人と連帯するという美しい体験に心を開くようにと、わたしは主の名によって祈ります。「エッファタ」という主のみことばが、愛と救いのよき音便《おとずれ》をわたしたちろう者にもたらしますように。

Mr. Porferio Galon
フィリピン、セブ市、ろう者、カテキスタ

2・3　ろう者の司牧における司祭としてのわたしの生活と経験

シリル・アクセルロッド

キリストに結ばれたわたしの親愛なる友人の皆さん。

この会議で話ができることを、幸せに、そして誇りに思っています。シリル・アクセルロッド神父です。ろう者として生まれ、目も見えなくなりました。レデンプトール修道会の司祭で、世界のろう者への宣教のために歩いています。アフリカ、アジア、アメリカ、ヨーロッパと広範囲にかかわり、黙想を指導し、説教して宣教しています。どの国でも、ろう者のコミュニティから、「わたしたちから聞いたことを教会に伝えてください」といった、同じような声を聞きます。実のところ、わたしは神学の教授ではありませんし、教会法の専門家でも、司教でもありません。ただの司祭です。いつも疑問に思っていることがあります。わたしの立場からすると、教会と世界のろう者との間のつながりはどうなっているのだろうということです。

以下に五つのポイントを挙げたいと思います。

1　ろう文化と手話言語は、神の知恵の一部で、教会とろう者の間に、神の愛と希望のメッセージを伝える架け橋となるものです。
2　手話言語は教会で使われる言語の一つとして認められる必要があります。教会では教皇を通して八～十五か国語の音声言語が使われていますが、ろう者への敬意と愛ある支援の表明として、手話言語もそれに加えられる必要があります。そうなれば、ろう者は教会と自分たちが近しい関係にあることを感じることができるでしょう。
3　司祭職あるいは修道会へのろう者の召し出しは、すべての者に奉仕する教会にとって重要なことです。このためには、司教と修道会の長上がろう者を受け入れ、ろう者との相互司牧を通してろう者をサポートすることが必要になります。
4　世界中の司牧者のほとんどが、司牧においてよりどころとしているのは、自らの経験や信念です。ネットワークを立ち上げ、世界基準での司牧訓練を目指そうとすること、ろう者のための司牧に必要な霊的養成――教会、教理、宗教教育、霊的養成、基礎神学に基づくものが必要です。それによって世界中の司牧従事者が、ともに手を携えて働けるようになるでしょう。
5　教会法において、秘跡や他の行為を執行する際に用いる言語として、手話も採用する必要があります。
イエスはいわれました。行って、人々にあなたがたがわたしから学んだことを伝えなさいと。

もう一度わたしの疑問を申し上げます。教会と世界のろう者との間のつながりはどうなっているのでしょうか。

Rev. Cyril Axelrod
盲ろうの司祭、ポーランド生まれ、南アフリカ育ち、現在イギリス、ロンドン在住

2・4　行ってすべての民を弟子にしなさい

ニコル・クラーク

皆様、こんにちは。皆様とお話しする機会を得て、とてもうれしく思います。わたしたち皆がここに集っているなんて、何とすばらしいことでしょう。ニコル・クラークと申します。オーストラリアのシドニーから参りました。ろう者のためのカトリックセンター「エッファタセンター」に勤めております。

エッファタセンターでのわたしの役目は、所長のための通訳者兼助手です。わたしの仕事には、スタッフやわたしたちのコミュニティのために通訳をすること、また、大司教区との連絡係を務めることが含まれます。個人やグループでの秘跡の準備や、祈りの会や黙想会のような、デフ・コミュニティの霊的成長となる機会を作る取り組みもしています。申し上げておかなければなりませんが、わたし自身はろう者ではありません。一〇〇パーセント聞こえます。生まれながらにしてろう者のコミュニティに属していたのではなく、大人になってからです。

話を始める前に、皆さんのうちにオーストラリアのことをよくご存じのかたは何人くらいいらっしゃるでしょうか。最近シドニーでワールドユースデーが開かれました。本当にたくさんの人が、世界でいちばん美しい都市、シドニーを訪れ、見てくださいました。わたしたちの国は、世界のずっと下の南にあり、とても暑い国です。アメリカ合衆国よりは少し小さいのですが大きな国で、オーストラリアの住人はわずか二、二〇〇万人です。大多数の人は国土の周縁に住んでいて、内陸にはほとんどだれもいません。そして真ん中にはだれも住んでいません。また、オーストラリアには、一万箇所以上もビーチがあるのです。

人口がとても少ないので、デフ・コミュニティも小さなものです。オーストラリアで手話を使うろう者の数は一万五、五〇〇人ほどです。内訳をもっと詳しくいえば、わたしの勤務するシドニー大司教区、パラマッタ教区、ブロークンベイ教区には、デフ・コミュニティのメンバーが二千人くらいいます。

今日は、オーストラリア人の視点で司牧経験についてお話ししたいと思います。とくにわたし自身が経験して学んだことをいくつか分かち合いたいと思います。主として、リーダーシップと、アクセス（情報の得やすさ、参加のしやすさ）、地位向上についてです。

すでにお話ししたように、わたしはエッファタセンターで、ろう者と聴者双方からなる五人のチームを組んで働いています。スタッフに聖職者はいません。ここ数年、ろう者のための常駐のチャプレンはいません。人にどんな仕事をしているかと聞かれたら、わたしたち自身は地方の小教区の規模だけれど、担当する範囲は三つの教区を合わせたような広さ、非常に広域にわたると説明するのがいちばん分かりやすいように思います。遠距離を飛び回っているのです。どこの教会でもなされる、諸秘跡を授けることにもかかわります。一方、訪問と司牧に重点を置き、代弁や仲介もします。わたしたちは、いくつもの交流グループのほかに、国内で唯一の、聞こえないお母さんたちのための遊びのグループの運営も手伝っています。毎週のミサや他の典礼のほか、祈りのグループや練成会を開催します。目下のところ、主日の務めのために、小教区のミサに参加できる司祭を提供できるようにしたいと思っています。年間を通して小教区のミサでは、いつも通訳に頼っています。エッファタセンターは今年三十周年を迎えましたので、この一年すばらしいお祝いが続きました。

昨年ここローマで、幸運にもICF（International Catholic Foundation for the Services of Deaf Persons 国際カトリックろう者サービス基金）の初の国際会議に参加することができました。そこでわたしは何人もの貴重な講演者の話を聞きました。なかでも一つ特別にわたしの心に響いたものがありました。その講演の内容は自己決定の重要性と、カトリックのろう者のコミュニティの中におけるリーダーシップについての話でした。わたしはその考え方にまったく同感です。

五年ほど前に、ジョージ・ペル枢機卿が、ろう者をエッファタセンターの所長に据える決定を下しました。それ以前もセンターはたいへん能力のある、善良な人々によって運営されてきました。その全員が聴者でしたが、皆がろう文化と手話に理解がありました。わたしたちのセンターは、オーストラリア内のろう者主導の組織としては最良のものの一つです。この変化はわたしたちのコミュニティとその活動に、信じられないほどの大きな影響をもたらしました。それまでもつねに、カトリック・デフ・コミュニティの献身的なメンバーが結束力のあるグループを形成してきたのですが、ここ数年でわたしたちの共同体は、デフ・コミュニティの中でも、そして大司教区の中でも、特出した存在になっています。わたしはこれを、リーダーシップの変化によるものだと思っています。ろう者と通訳者は、大司教区の事務所周辺では普通に見掛ける存在になっています。このことは関係者すべてにとって、はっきりした成長の目安になります。わたしは、シドニー大司教区がろう者にとっての理想郷になったといおうとしているのではありません。わたしたちは今でも、教会生活の多くの分野で、平等とアクセシビリティ（情報の得やすさ、参加しやすさ）を求めて活動しています。しかし、この五年間で大きな進歩を見たのです。

マタイによる福音書の末尾のところで、イエスはいわれました。「行って、すべての民をわたしの弟子にしなさい。あなたがたに命じておいたことをすべて守るように教えなさい」。行って、わたしが教えたとおりにしなさい――、イエスはわたしたち一人ひとりに話しかけていると思います。わたしたちのセンターと共同体を内側から自分たちで引っ張っていけるようになったことは、わたしたちの司牧活動にもたらされたもっとも大きな変化の一つです。わたしは自己決定の力を固く信じています。強いリーダーシップが共同体に大きな効果をもたらしたことを知っています。利害の当事者以外のだれが、熱心に闘い、自分の共同体を力強く率いるために頑張るでしょうか。当事者に寄り添って歩む人以上に、その人たちのことが分かる人がいるでしょうか。

ろう者がリーダーシップをとったことにより、大司教区は自然と、専門的な通訳者を給料の支払われる役職として採用する必要があることを、すぐに理解しました。これはわたしたちに起きた、もう一つの初めての出来事でした。これも、アクセシビリティと平等に向けてのわたしたちの大きな一歩だったと思います。アクセシビリティについて考える際は、受け取ったメッセージが元のメッセージにできるだけ近いものとなるという目的をもって、アクセシビリティの質を考えなくてはなりません。

さて、わたしは生まれたときからカトリック教会に属しています。そしてこれまでの人生をずっとカトリック用語に囲まれて生きてきました。わたしは手話通訳者として、オーストラリアで取得できる最高の手話通訳資格をもっています。七年くらい前からミサの通訳を始めました。もう一度申し上げます。教会と、教会で使うことばに、わたしは慣れ親しんでいました。それでもわたしがミサの通訳を始めたとき、どんなにショックを受けたか、お伝えしきれません。自分が何年もすらすら話していたことばがどんなに複雑な意味をもっていたかを、考えたこともありませんでした。そのころのことを思い出しますと、ろう者がどれだけはっきりとメッセージを受け止められたのか、わたしには自信がありません。正直なところ、自信がありません。ミサの通訳を何年もしてきた今でも、カトリックのテキストの複雑さには頭を悩まされ、通訳にあたって、自分の選択した手話を繰り返しチェックし続けています。そして、元のメッセージどおりに伝えているだろうかという、同じ疑問に戻ってしまいます。カトリックの通訳を実践している者にミサの通訳が難しいならば、カトリックのことばに親しんでいない通訳者はどうなることかと思ってしまいます。時にはその負担に打ちのめされることもあるでしょう。聖ヒエロニムスは正確な翻訳の大切さを知っていました。完璧な通訳について理解のあるかた、そのために苦労したかたが、あちらにおいでになるのを見て、ほっとします。わたしは自分の経験から、わたしが奉仕している人たちの司牧にとって、通訳がどんなに大事かということに気づかされました。カトリック言語の美しさ、力強さが、翻訳されることで失われないよう注意することはたいへん大事なことです。同時に、通訳されたメッセージが、明確で力強いことも確保されなくてはなりません。司牧の視点から見ると、通訳者に関しては、まだまだなされなくてはならない仕事が多いと思います。

レビ記が実際何をいっているのか、あまりよく分からないまま何年もが過ぎました。また、アヴェ・マリアの祈りを多様なバージョンで通訳することを何年も続けてきました。というのも、どれも今一つぴったり来ないからです。これらのことから、わたしは、教会のことばに関する仕事のことをよく分かっているわたしたちが、司牧の一環として通訳者をサポートしていくことの必要性に気づくようになりました。

最後に申し上げておきたいことは、わたしたちの共同体で始められ、これまで期待されていた以上の結果をもたらしている、新しいプロジェクトに関してです。四旬節中の祈りのグループは、いくつもの違ったかたちの祈り方を試みることにしました。公式な祈り、グループでの祈り、黙想、行動を伴う祈りなどです。わたしたちは社会正義に関する強い責任感から、わたしたちの行動を伴う祈りが、別の共同体を助けることになると判断しました。それは、伝統的行事を行う大きな土地のある、カトリックの原住民の地域共同体への支援でした。高齢の女性が管理するその土地は荒れていました。わたしたちの共同体はそこに行き、木を剪定《せんてい》し、庭に植栽し、壁を塗り、溝を掃除し、結局土地全体をすっかり整備したのです。

この後、思いがけず、大きな恵みをいただきました。神の証人になるということがどんな気持ちのする経験か、そんな活動を通して得たすばらしい感覚を、かかわった者全員が恵みとしていただいたのです。この経験があまりにも大きかったので、これを毎年続けようということになりました。二〇一〇年にはシドニーの特別ホームレスセンターを支援することが決まったところです。

この決定が意味するところは、デフ・コミュニティが成長し、助けてくださいと手を差し出すのでなく、助けを差し伸べる手を開いてここにいます、と伝えることができるようになっているということです。大いに力づけられます。それは、一つのデフ・コミュニティが自分たちで始めた活動なのです。

皆さんに、オーストラリアの司牧について少し知っていただけたでしょうか。話を終える前に、わたしの話を皆さんに聞いていただく機会が与えられたことに感謝申し上げます。務めを果たすことは誇りであり、また恵みだと思います。

通訳に関してわたしが先に述べたことを振り返っていただくために、この部屋におられる通訳のかた全員に、皆さんとわたしとで称賛と尊敬のごあいさつを申し上げましょう。皆さんの努力と手腕に感謝申し上げます。

Mrs. Nicole Clark
オーストラリア、シドニー、手話通訳者、カトリックろう者司牧部・エッファタセンター所長補佐

2・5 「沖に漕ぎ出しなさい」――司牧者養成の一つのモデル

イアン・ロバートソン

本日この会議に臨み、わたしはいささか部外者のように感じています。わたしは聞こえますし、たいへん恵まれた国から来ています。ですので、わたしのお話しすることは、ろう者自身の経験からの話でなく、たいへん大きな恵みとして、デフ・コミュニティとともに旅するよう召し出されたわたしの経験からの話です。「沖に漕ぎ出しなさい」（ルカ5・2―6）。なぜ聖書のこのことばを選んで話を始めると思いますか。第一に、わたしはこのことばを、デフ・コミュニティ内での司牧の隠喩として理解するようになりました。このことばは、苦しいことばかり多く、得ることがほとんどないと思えた年月の後で、悟ることのできる呼びかけなのです。「沖に漕ぎ出しなさい」。行っている奉仕と司牧宣教活動において、何か新しいことができるかもしれないけれど、疑いも確信のなさも大きいときに、聞こえてくるのです。「沖に漕ぎ出しなさい」。それは、会議の終わりに「さて、どうすべきだろうか」といった疑問がもち上がったときなどに、聞こえてくるのです。イエスの答えと呼びかけは、またもや「沖に漕ぎ出しなさい」です。イエスの人生と弟子たちの経験を見ても、こういうときにこそ収穫は大きいのです。

十四年ほど前に、アメリカのデフ・コミュニティで、ろう者と聴者と司牧者を通して与えられたものは、まさにこの呼びかけでした。わたしたちはやっとここまで来ましたが、今でもまだ本当に必要なのは、聴者が容易に受けることのできる司牧者養成を、ろう者も同等に受けられるようにすることだと思っています。マイアミの聖トマス大学の神学・司牧学部の関係者と、デフ・コミュニティの司牧にかかわっているわたしたち数名で集まる機会がありました。そして「沖に漕ぎ出した」のです。不可能だ、難問がありすぎる、という人が多かったのですが、それでもわたしたちは「沖に漕ぎ出した」のです。何年もかけて働きかけた結果、わたしたちはろう者の司牧職を専攻する修士課程を作り上げました。第一言語として手話を使う（ここではアメリカ手話［ASL］ですが）、司牧専攻の修士課程として世界で初めてのものです。ろう者の教会にとってもっとも必要とされることの一つは、司牧職の仕事において、自分たちのコミュニティの中でリーダーシップを発揮できる指導者の教育です。学部生、大学院生の大半がろう者です。聖トマス大学（メルセデス・イアンノニー博士）と地域のろう者の司牧センター（イアン・ロバートソン博士）が、国内のろう者の司牧のエキスパートと連携してやってきたことは、後に続く人たちにとってよいモデルとなっています。学位を取得すれば、卒業生は自分のコミュニティでリーダーシップをとることが可能になります。卒業生は、教会で専従で司牧にあたっている人たちと同等の教育を受けているからです。神学と社会科学の両方の分野で学んだことが、この経験の土台となっています。

社会科学の分野では、ろう文化のコアバリュー（核になる価値観）は何であるかを理解する重要な洞察が得られます。コアバリューを理解することによって、実地を積む大学にも、また当然、一般のデフ・コミュニティにある司牧者にも、最善の実践が決められるようになります。わたしは米国都市部のいくつものカトリック教区での徹底したインタビュー、そしてさまざまな分野の文献研究を通してここ数年続けた調査で、養成および司牧問題に関して五つのコアバリューを見つけることができました。(1) そのコアバリューとは、言語、能力対障害、教育、家族、コミュニティです。「言語」は、ＡＳＬが一つの言語であり、アメリカのデフ・コミュニティの言語であることの重要性を認め、受け入れることです。「能力対障害」は、デフ・コミュニティを形成する人たちが重要とするものを考えること、すなわち、議論はつねに、障害に関してでなく、言語と文化に関してなされるべきだということです。ろう者は障害者で、治すことが必要だと主張する人がまだまだいます。しかしそれは、デフ・コミュニティでは主要な現実的問題ではありません。三番目は、すべての教育段階で、今すぐにも機会の平等とアクセス（参加しやすさ）が必要だということです。デフ・コミュニティと教育の歴史は、ほとんど教育を受けられなかった時代から、一般の学校に入って勉強することができるよう奮闘する時代を経て、ＡＳＬを使って学ぶことができるようになった現在に至ります。四番目のコアバリューは家族の影響ということです。ろうの親、ろう者の世界を経験したことのない聞こえる親と向き合う困難、ろう文化をすばらしいと思う人、それに抵抗する人などがいます。五つ目のコアバリューはコミュニティです。コミュニティに関するさまざまな関係と義務のことです。(2)

神学の分野に関しては、わたしたちはろう者を文化の面から理解することでより効果的に教育し、奉仕することができるようになるのですが、その方法の一つは、ろう文化を、周縁から接近する道として捉えることです。これまで多くの論文が書かれ、世界におけるろう者の存在様式について、わたしたちに深い洞察を与えてくれています。この世界は聴者が大部分ですから、ろう者からすると異質の、幾分敵意のある、あるいはよくいっても情報を与えてくれない世界です。問われるのは、聴者の世界で、また聴者ばかりの教会の中で、ろう者のコミュニティが少数者《マイノリティ》として存在し、繁栄するための方法としていちばんよいのは何かということです。

ろう者の歴史は、類似の困難に直面しており、支配的な「別の」コミュニティの中で生きているマイノリティとして、生活の経験や信仰の経験を分かち合っているコミュニティや民族の歴史に比肩します。デフ・コミュニティは他の周縁の集団や民族と同じように、植民地で抑圧され、誤解を受け、無視された経験をしています。このことを理解し、比較するよい方法は、アメリカのヒスパニックのコミュニティの目を通して見ることです。ヴィジリオ・エリゾンド[3]はメキシコ系アメリカ人の司祭で神学者ですが、メキシコの民族の経験の中から生まれるキリストとの関係、またキリストのイメージはどういうものかを研究しています。かつてメキシコ人のコミュニティに与えられていたキリストとの関係、キリストのイメージは、彼ら自身の文化的経験から生まれたものではありませんでした。つまり、彼らにとっては本物ではありませんでした。エリゾンドはその著書を通して一貫して、民族の文化、歴史的背景、言語、宗教的表現の中に、キリストとの関係とキリストのイメージ、キリストの現存を見いだす方法を探そうとしています。彼が焦点を当てていることの一つは、メキシコ系アメリカ人にとって、またイエスご自身にとって、疎外化とは何かを理解することです。彼は、ガリラヤは文化や民族、人種の混じり合ったるつぼ（Mestizaje）だったといいます。文化的、言語的、宗教的表現でいうと、不純な場所だった。ユダヤ人がこの地域でもっとも勢力をもったエルサレムからは遠い場所だった。しかし、まさにこの経験の中で、またこの経験を通して、神の恵みの介入がイエスという人のうちに現れたのだと、エリゾンドは考えます。この文化のるつぼを通してこそ、キリストは疎外された人を神の家族の一員とすることができるのです。こうした精神的・肉体的経験がデフ・コミュニティ、また教会にとっての真実だと思います。わたしたちのこの議論に直接影響する二つ目のポイントについては、ミゲル・ディアズが次のようにまとめています。「神が人類とともに歩んでくださること、神が「他者」としてのわたしたちを心から愛してくださり、受け入れてくださるのは、疎外された人、とくに社会的・文化的に隅に追いやられた人の顔によってとりなされているからだ。ゴイズエタは、この神の恵みがえこひいきであることの根拠を、疎外された人や貧しい人にでなく、むしろ神ご自身のうちに置いている。神のイメージの中にいるということは、疎外された人を排斥するのをやめるということだ[4]」。

以上に述べたようなことが、まさに、わたしたちが聖トマス大学の課程でしようとしていることの根拠になっています。文化、言語、また、デフ・コミュニティに存在する深い神学的経験を考慮に入れた、質の高い神学や司牧養成をなすことです。そうすることで見えてきたものは、デフ・コミュニティに役に立つモデルというだけでなく、同時に教会共同体全体にも意義のあるモデルです。話を終えるにあたって、あるろう者が教会について語ったことばをお伝えします。わたしたちのすることすべてにインスピレーションを与えてくれるのは、このようなことばです。

「司祭が手話ができれば、通訳を介するときよりも、ずっとつながることができます。しかし、もし、このわたしたちの教会のように全員がろう者だと、皆が手話で話していて、一〇〇パーセントの満足が得られます。イエスはそこにおられ、手話で語り、朗読者は手話で朗読し、聖体はそのうちにあります。教会、神、皆ともに、だれもが手話で語ります。わたしは、自分が教会の一部だということをずっとよく感じることができます。ここでは会話が始まります。これこそ本物です[5]」。

Dr. Ian Robertson
アメリカ合衆国、フロリダ州ペンブローク・パインズ、聴者、ろう者の司牧宣教者

注

1 I. Robertson, "The Sacred Narratives of Deaf People with Implications for Renewed Pastoral Practice", Doctor of Ministry Thesis, Barry University, Miami Shores, Fl. 2007.

2 P. Ladd, *Understanding Deaf Culture: In Search of Deafhood*, Clevedon: Multilingual Matters, 2003. H. Lane, *A Journey into Deaf-World*, San Diego: Dawn Sigh Press, 1996. H. Lewis, "A Critical Examination of the Church and Deaf People: Toward a Deaf Liberation Theology", PhD Dissertation, University of Birmingham, England, 2002. P. McDonough, "Collaborative Ministry in the Deaf Vineyard", Paper Presentation at ICF, International Conference, Mexico City , Mexico 2003.

3 V. Elizondo, *Galilean Journey; The Mexican American Promise*, Orbis Books: Maryknoll, NY, 2000.

4 M. Diaz, *On being Human: U.S. Hispanic and Rahnerian Perspectives*, Maryknoll, New York: Orbis Books, 2001.

5 Interviews by author, 2007.

参考文献

S.B. Bevans, SVD., *Models of Contextual Theology*, Maryknoll, New York: Orbis Books, 2000.

M. Diaz, *On Being Human: U.S. Hispanic and Rahnerian Perspectives*, Maryknoll, New York; Orbis Books, 2001.

V. Elizondo, *Galilean Journey: The Mexican American Promise*, Maryknoll, New York, Orbis Books, 2000.

R. Goizueta, *Caminemos Con Jesus: Toward a Hispanic/Latino Theology of Accompaniment*, New York, Orbis Books, 1995.

C. Hollywood, (ed.), *Eye People : "A Gift to the Church", Proceedings of the Second Symposium of the International Catholic Foundation at the Service of Deaf People*, Manchester, 1989.

W. Key, (ed.), *Eye Centered: A Study on the Spirituality of Deaf People with Pastoral Implications*, Washington D.C., Sauls, 1992.

P. Ladd, *Deaf Culture, Finding It and Nurturing It*, in C.J. Erting, (ed), Deaf Way, 2nd Edition, Washington D.C.: Gallaudet University Press, 1996.

P. Ladd, *Understanding Deaf Culture: In Search of Deafhood*, Clevedon: Multilingual Matters, 2003.

H. Lane, *A Journey into Deaf-World*, San Diego: Dawn Sign Press, 1996.

H. Lane, *When the Mind Hears: A History of the Deaf*, Harmondsworth: Penguin Books, 1988.

H. Lane, *The Mask of Benevolence: Disabling the Deaf Community*, New York 1st Vintage Books edition: Vintage Books, 1993.

H. Lewis, *A Critical Examination of the Church and Deaf People: Toward a Deaf Liberation Theology*, PhD Dissertation, University of Birmingham, England, 2002.

P. McDonough, *Collaborative Ministry in the Deaf Vineyard*, Paper presented at ICF, International Conference, Mexico City Mexico, 2003. C. Padden, T. Humphries, *Deaf in America: Voices From a Cuture*, Cambridge MA: Harvard University Press, 1988.

C. Padden, T. Humphries, *Inside Deaf Culture*, Cambridge MA: Harvard University Press, 2005.

M. Sheridan, *Inner Lives of Deaf Children: Interviews and Analysis*, Washington D.C., Gallaudet University Press, 2001.

2・6　信仰教育にかかわるろうの修道女

ヴィットリーナ・カルリ

二〇〇三年以来、「ヴィチェンツァの聖ドロテアのみ心の娘教育修道女会」というわたしのいる修道会は、ろう者の司牧のみを目的にした小さなコミュニティを作っています。トッリ・ディ・クアルテゾーロのマローラ・エッファタセンター（Ⅵ）と同じ建物を使っています。当初ろう者だけを教育する建物でした。今は普通学級と一緒になっています。

このコミュニティは、創立者のジョヴァンニ・アントニオ・ファリーナ[1]の考え方に沿って運営されています。このかたは一八四〇年にシスターたちにいいました。「ろうあ者を主のところに連れて行きなさい。彼らの侵すことのできない舌の封印が破られたときに、彼らが賛美の歌を歌い、心の香を焚《た》くようになるでしょう[2]」。

わたしは個人的には、このことばが具体的なかたちになるのを見たこと、また、臆病ではありましたが、ろうの兄弟に自分の人生をささげるという燃える望みを強めてくれたので、たいへん幸せです。この夢は一九八六年に生まれました。

すべては、明快で深い召し出しで始まり、最初は悩みもしましたが、それにわたしが最終的に自分で決断して答えを出しました。わたしが主に、「わたしがここにおります。わたしを遣わしてください」（イザヤ6・8）といって以来、わたしの人生はすっかり変わりました。一九八六年に修道誓願を立ててから、わたしは聖霊に導かれ、要理を教えるシスターたち、またヴィチェンツァの教区の助手に助けられて、ろう者の友人をみんな集めて要理の勉強のための集会を企画しました。幸いなことに、参加した大部分の人が、わたしが個人的に知っている人でした。小・中・高等学校とその後の学校の、同級生や友人たちでした。

司牧の活動が始まった当初は不安でしたが、イエスのメッセージを勉強して福音を学びたいというろう者の強い望みが、わたしに勇気を与えてくれました。そして年ごとにろう者の要求も増えて、与えられたものはどんどん大きくなっていったのです。なかでもとくに積極的だったろう者たちが、徐々に加わるようになり、今では企画に携わるほどにわたしたちの味方になっています。実際、成人のための信仰教育に道を開くことをすぐに始めるのは、リスクが高く、理想郷を目指すように見えました。でもわたしは、新しい使命に身を投じました。会の創立者が「神があなたをすばらしいミッションに招かれたのです。十字架の真実の使徒よ、行きなさい。わたしも一緒に行きます[3]」と書かれておられるのにも後押しされました。わたしは要理の本や冊子、またろう者司牧のエキスパートのシスターたちを探し、相談に乗ってもらいました。そしてとても落ち着いた気持ちで、友達や兄弟姉妹に再福音化を始めたのです。ろう者のための教区の教会助手のかたがわたしに、婚約中のカップルには結婚の秘跡を受けるための準備が必要だと伝えなければいけないことに気づかせてくれました。それ以来、婚約している人やカップルのための講座が続けられ、そこにはたくさんの人が通っています。

宗教学で学位を取得したことで、神について人間が必要とすることについて以前より明解で深い見識を得ることができました。聖霊が、イエスのことばを実行するようにわたしを導いてくださっていると感じます。

「種を蒔《ま》く人が種蒔きに出て行った」（ルカ8・5）。「夜昼、寝起きしているうちに、種は芽を出して成長するが、どうしてそうなるのか、その人は知らない」（マルコ4・27）。

この不思議はつねにわたしの中に広がり、わたしを慰めてくれるのです。なぜならば、この司牧活動が、信仰教育の本質的な目標に「対応し、その道具になること、すなわち、すべてのキリスト信者がイエスの王国を祝い、生き、のべ伝えるよう導くために、福音を知らせる」ことを理解しているからです。

方法は？　①わたしはまず、時事問題のニュースで始めます。そして一緒に世界に目を向けます。②次にメッセージが告げ知らされるときが来ます。「聞きなさい、見なさい」です。そのときに聖書を開きます。③「カテ・クイズ」と呼ばれるものを使って、内省のための時間を取ります。④休憩を取り、次に典礼祭儀の時間になります。終わりに「さあ、わたしはします」「あなたも行きなさい、あなたのろうの友のところへ！」と締めくくる感謝の祭儀をもちます。

司牧の使命を果たしていくに際して、わたしたちは電気通信という現代的な技術を利用しています。ろう者の間にネットワークを作り、高速なEメールとたくさんのCDを使って、国立盲人協会（ＥＮＳ）のセンターや教区の教会に、キリスト教教育に役立つ宗教的なメッセージを送ります。

わたしが使徒職に大きな満足を得た最初の経験は、二〇〇五年にドイツのコロンで開かれたワールドユースデーにたくさんのイタリア人ろう者と参加したことでした。多くの若者が参集した光景を見て、わたしも友人たちも燃えました。実にいろいろな国から来たろう者に出会いました。ロレト、ローマ、ポーランド、ルルド、また聖地から来たろう者もいました。

主のことばがほうぼうに伝われば伝わるほど、司牧の本来の目的は達せられます。そしてキリスト信者が経験に基づいたかたちで、キリストとともに生きるようになります。(4)

わたしたちがしている要理段階の養成の集いは、「ろう者のための使徒運動（ＭＡＳ）」の団体との連携で企画されています。十月から六月にかけて月に一度、通常日曜日に開かれます。参加者はトレ・ヴェネツィエやイタリアの他の地域から来ています。

多くのろうの若者が今でも、宗教的な感性をもっています。一部は、仲間意識や、一緒に時間を過ごしたいという思いでミサに参加するだけだとしてもです。このような集いはヴィチェンツァのマローラエッファタセンターで開かれます。午前中は、集まって要理の勉強や、グループワーク、カテ・クイズなどをし、午後は文化的な催しや、レクリエーションをします。これは、養成についていろいろな技術をもっているＭＡＳの活動や国立ろう協会（ＥＮＳ）が一緒になって企画しています。今年度二〇〇九年―二〇一〇年は司祭年にあたっているので、司祭であり要理の教師だったヨハネ・マリア・ヴィアンネについて取り組みます。このような集まりは、神のことばを一緒に考える助けになります。信仰生活をしていくうえでの難しさについて対話することもできます。今日、信仰生活にはまさに、さまざまな「プラス面とマイナス面」があります。

わたし自身がろうの修道女だという現実、ぶどう園の多くの働き手の中の一人の弟子だということは、聴者にも不思議と驚きと喜びを呼び起こします。事実、どの考えもろう者にもよく分かることばで伝わります。その結果、蒔かれているイエスのみことばは、より分かりやすく、信じられる、効果的な意味をもつことになります。

司祭年には、次のようなものが生まれました。聖書のコース、婚約したカップルのためのコース、夫婦のための集いです。

二〇〇一年の全国大会のときには、ジノ・コルテシ神父[5]によって「価値あるチャレンジ」が次のように提案されました。「心より皆様に申し上げます。イエスは、今、あなたを必要とされています。イエスはあなたに呼びかけ、イエスはあなたを招いています。そうです、あなたです。あなた自身がぶどう園の労働者にならなくてはなりません。これはすばらしいことなのですが、今日、あまりこの道を求める人はいません。それでも、イタリアには何千ものろう者（世界全体だと数百万……）が暮らしています。イエスはあなたを特別に愛しておられます。イエスはあなたを信頼しておられます。お願いします。イエスを、また教皇ヨハネ・パウロ二世(6)の偉大なお心と確かな手によって今日導かれている教会を、失望させないでください」。

さあ、自分の胸に問うてみましょう。ろう者は今日、どうすればイエスのぶどう園の役に立つ働き手になれるだろうかと。

教区や全国レベルの要理教師のコース、また「宗教学」会に参加してみた経験から希望することは、イタリアの司教団が、少なくとも難しい問題に関しては、手話通訳者に「寄与」することを始めていただきたいということです。すでにろう者の再福音化のために、全国レベルでのさまざまな会議が開かれていますし、効果も上がっています。いくつかの教会共同体ではすでに小さいながらも、励ましとなる光がともされています。

希望はつねに、ろう者の司牧という分野で活動する数少ない人たち（司祭、修道者、信徒）の働きに支えられています。その数は少なくとも、「イスラエルの残りの者」のように、神は小さき者を決してお忘れにならないこと、最後には沈黙のうちに目には見えないかたちで恵みが勝利するよう、取り計らってくださることを確信しています。

最後に、今年もう一人のろうの修道女を与えてくださった主に感謝いたします。皆様にご紹介します。シスター・ティナ・タランティーノです。

Sr. Vittorina Carli
イタリア、ヴィチェンツァ、ろう者、聖ドロテアのみ心の娘教育修道女会

文献目録

BASSANI, ALBAROSA INES (ed), *Dentro L'ampiezza del suo Cuore. Lezioni e Discorsi del Fondatore Mons. G. A. Farina alle sue Suore* (Tipografia G. Rumor, Vicenza. 1981).

BOLIN, ANTONIO, *L'annuncio del Vangelo Ieri e Oggi, Note di Storia Dell'evangelizzaione, Dellacatechesi e dei Catechismi*, lecture notes, Vincenza, academic year 2002-2003.

CORTESI, GINO, *Effatàa: Piena Comunione e Valorizzazione delle Persone Sorde nella Chiesa Aperta al Terzo Millennio. Metodologia e Linee Operative, in Per un Salto di Qualità nella Pastorale delle Persone Sorde all'alba del Terzo Millennio, Convegno di Studio, Assisi, 2-4, luglio 2001*, no year , no place of publication, pp. 18-29.

Zatini, Franco, *Di Tutto e di Tutti circa il Mondo Della Sordità* (Florence, 1994).

注

1　Giovanni Antonio Farina: トレヴィーゾとヴィチェンツァの司教を務めた後、「ヴィチェンツァの聖ドロテアのみ心の娘教育修道女会」を創立。その特別な精神性の深さと使徒的寛大さのゆえに、二〇〇一年十一月四日、教皇ヨハネ・パウロ二世によって列福された。一八〇三年一月十一日、ガンベッラーラ（Ⅵ）で信仰深い、裕福なキリスト者の家庭に生まれた。一八二七年一月十四日に司祭に叙階され、サンピエトロ小教区の愛の学校《スクオーラ・ディ・カリタ》の再構築に携わり、ヴィチェンツァで初の労働者階級の家庭の子どもたちの学校を始めた。一八三六年、女性教師のための修道会を創った。神に召し出されて主に奉献し、貧しい女児の教育に専念する女性たちのための修道会で、これが聖ドロテアのみ心の娘教育修道女会である。ジョヴァンニ・アントニオ司教は、同会の修道女たちに、裕福な家庭の子女も、ろうあ者、盲人、病人、また病院や施設で、あるいは家で暮らしている老人のことも心に掛けるよう望んだ。晩年、彼の使

徒的活動、慈善活動は大いに認められたが、一方、根拠のない非難も激しく、彼を苦しめた。しかし、いっさい反論せず、心静かに、ゆるしの精神で生きた。一八八六年に最初に病に倒れて後、体力を落とし、脳卒中を起こして、一八八八年三月十四日に亡くなった。

2　Farina, *Dentro L'ampiezza del suo Cuore, Lezioni e Discorsi del Fondatore Mons. G.A.Farina alle sue Suore* (Tip. Rumor, Vicenza, 1981), p. 100.

3　Farina, *Dentro L'ampiezza*, p. 273

4　A. Bollin, *L'annuncio del Vangelo ieri e oggi. Note di Storia dll'evangelizzazion, della Catechesi e dei Catechismi*. Lecture notes, Vicenza, academic year 2002-2003 参照。

5　Don Gino Cortesi：教区司祭。ろうあ者を教える著名な教育者。一九六四年から一九七三年には、ベルガモのピオ研究所の所長を務めた。Zatini, *Di Tutto e di Tutti Circa il Mondo della Sordità* (Florence, 1994), p. 136.

6　G. Cortesi, 'Effatà: Piena Comunione e Valorizzazione delle Persone Sorde nella Chiesa Aperta al Terzo Millennio. Metodologia e Linee Operative', in *Per un Salto di Qualità*, pp. 18-29.

3　教会共同体のろう者

テリー・オメーラ

国際カトリックろう者サービス基金（ＩＣＦ）は、ろう者はキリストのからだである教会での生活を豊かに送れるよう招かれているという共通の確信をもって、聖霊によって集められたさまざまな国の人たちが親しく交わることを目指して、活動をしています。

ＩＣＦの使命は、カトリック・コミュニティの中のろう者のための、ろう者との共同による、あるいはろう者による信仰の形成と司牧をサポートし、促進することにあります。チャプレンや司牧従事者やカテキスタをサポートし、彼らが教会や社会の中で、神から与えられた仕事の豊かさを他の人たちと分かち合えるようにします。ミサを少しでも豊かに表現できるようにするためです。

ＩＣＦはろう者の司牧をサポートしています。連携し協力して、ろう者の司牧のための情報センターとして機能し、サービスや人材の支援となることを願っています。

ＩＣＦは聖トマス大学の司牧研究所と協力関係にあります。ろう者に対する司牧を専攻して修士号が取得できる研究所です。この会議の講演者でもあるイアン・ロバートソン博士（ＩＣＦ理事）は、そこで教えておられます。

ＩＣＦはベルギーのルーヴェン大学のろう者の司牧を研究する教授に資金を提供しています。教授はこの会議の講演者のマルセル・ブロースターハイゼン博士です。

ＩＣＦは次のような催しを通して、グローバルな取り組みを進めています。

二〇一〇年七月――青年集会、メキシコ、バジェ・デ・ブラボ

二〇一一年八月――ワールドユースデー／ろう者の宣教司牧の分かち合い、スペイン、マドリード

二〇一二年八月――国際聖体会議／ろう者の宣教司牧の分かち合い、アイルランド、ダブリン

ろう者の宣教司牧に関する努力を世界規模で共同で行う必要が広がるのに応じて、ＩＣＦはこの活動を円滑に進めるための情報センターとなり、中心的な役割を務める準備があります。ＩＣＦは一九八六年に発足してから、以下のようなことを行ってきました。

――教会内のろう者の存在と、彼らの与えるたまものについての認識を高めること。

――信仰教育と司牧に援助し、ろう者、聴者、両方のチャプレンと司牧従事者とカテキスタを教育するためのセンターとして奉仕すること。

――適時、国際的な集まりをもつこと。

――同じ使命をもった他の組織と連携すること。

ＩＣＦは、ろうのカトリック信者とともに、また彼らのためとなる人材や才能を発掘し、将来的に委員会や他の組織にそうした人々を加え、同時に支援ネットワークを提供することで、教皇庁を支援することを希望しています。ＩＣＦは、将来的に教皇庁のさまざまな委員会や事務局に加わるろう者を見いだすとともに、ＩＣＦ

職員と理事らの協力を行う用意があります。

わたしたちの教会が真の意味で開いていて（エッファタ）、神の民すべてをキリストのからだの完全なメンバーとして食卓に迎えたいという望みは、力を合わせて努力を続けることを通してかなえられるのです。

アメリカ合衆国の司教団によって出版された『カテケージスのための米国における指針』に次のように述べられています。

「すべての人に……福音を告げる力が備わっており、またコミュニティの中で信仰と貴重な恵みの生きた証人となることができる。彼らは信仰教育の受け手であるだけでなく、その担い手でもある」。

教皇庁評議会の援助と支援、協働を受けて、このことばが、ろうのカトリック信者にとって現実のものとなるようにしていくことがＩＣＦの使命です。ろう者は、教会に喜んで迎え入れられることだけでなく、自分たちの信仰の担い手になること、福音宣教において、ろう者もリーダーとしての役割を担うことを望んでいます。この場をお借りして、ＩＣＦの理事会に、バチカンにおいてかつてなかったろう者についての会議を開催した教皇庁評議会への協力を認めていただいたことに、心よりの感謝を申し上げます。

ＩＣＦは皆さんのお役に立つために設立されました。世界のろう者の司牧宣教のための努力に、お役に立ち続けられることを思うと、大きな興奮を覚えます。教会はまことに、すべての神の子のものですから。

Mr. Terry O'Meara
アメリカ合衆国、聴者、国際カトリックろう者サービス基金（ＩＣＦ）事務局長

ジグムント・ジモフスキ大司教による閉会のあいさつ

聴覚障害者の司牧という、特別に重要かつ興味深い主題でのこの国際会議を終えるにあたって、皆様にお礼を申し上げたいと思います。とくに今日この場にご臨席いただくという栄誉を賜ったフィオレンツォ・アンジェリーニ枢機卿様にお礼を申し上げます。また、この会議の主題に関するさまざまな問題点と課題についてスピーチをしてくださった皆様全員の貢献にわたしたち一同感謝しており、お礼を申し上げます。

この三日間にわたる学びは、科学的な研究論文もあり、教会生活の中における司牧の観点からなされた詳細な分析もあって、疑いなくわたしたちを啓発してくれました。

とくに事実を述べた証言には心動かされました。今回は聴覚障害が取り上げられましたが、障害に苦しんでいる人たちが排除されたり、隅に追いやられたりすることは、他の人々にとっても損失であること、すなわち市民レベル、社会レベル、教会レベルのコミュニティにおいて、大きな損失であるということが明らかにされました。

教会がその何百年という旅路の中で、聴覚障害者を守り、支援し、そして重要でまさに教会の仕事である、欠けるもののない統合のために働き始めてきたということも見えてきました。それが教会を、そしてわたしたち皆をも豊かにしてきました。そして教会は今も、教会のこの子らのニーズと求めに、なおいっそう注意深くこたえるように司牧の道筋と方法を探し求め、見いだしていく方向で進むよう、わたしたちに呼びかけています。

この会議は終わりに至って、新しい到達点に達しました。これがまた出発点ともなるでしょう。わたしたちは皆、今、「沈黙の壁」を壊す責務を負っています。この壁は聴覚障害によって生み出されているものではなく、無関心あるいは関心の不足によって、聞こえない人々の周囲に築き上げられているものです。

まことに、わたしたちは、耳が聞こえないことは世界のどこにおいても、共同体生活からの——教会共同体、市民共同体、政治的共同体のいずれであれ——排除の理由にはならないことを確認する必要があります。したがってわたしたちは、聴覚障害者がすべての国で行政機関そして社会制度から、必要な配慮を全面的に受けられるように、統合を進める妨げとなっているものをすべて打ち砕かなければなりません。

加えて、教会的な観点から、各司教団、教会管区、教区、小教区において、ろう者について一定の判断基準と言及があってしかるべきです。ろう者自身が信仰教育や司牧全般において他の聴覚障害をもつ人の証人、架け橋となれるよう、わたしたちがいっそう努力することが必要です。

ヨハネ・パウロ二世は、二〇〇〇年の障害者のための聖年の折にいわれました。「キリストの名において、教会は自身を、よりいっそうあなたがたを歓迎する場所にしていく決心をしています」と。これはそのまま、ここにいらっしゃる皆様に受け止めていただき、第二十四回国際会議の終わりに、それぞれの国にお持ち帰りいただきたいメッセージです。この会議でわたしたちは、聴覚障害者の兄弟姉妹のために貢献したいという思いで結ばれ、前進しようという思いを強くしました。

これはまた、聴覚障害者のかたがたへの招きでもあります。昨日の謁見のときにベネディクト十六世がおっしゃったことばを思い出しましょう。「あなたがたは福音のメッセージの受け手であるだけでなく、洗礼を受けたことによって、その正統な伝達者でもあるのです。ですから主の証人として日々を生き、キリストとその福音を伝えてください。司祭年の今年、あなたがたは召命のために祈っています。主が教会共同体の成長のために数多くのよき司祭を与えてくださいますように」。

ここで得られた勧告（訳注＝付録として次に収録）を今後進めていくために考えられる、三つの対策をまとめました。

1　教皇庁保健従事者評議会の中に、聴覚障害者の司牧のための常設の研究グループを設ける。

2　この国際会議の継続として、六月の終わりごろにチェストホーヴァへの巡礼を企画する。とくにヨーロッパからのボランティアの人たちが参加できるものにする。

3　教皇庁の当評議会は、保健に関してそれぞれの国の方針に従う役目も負っていることに鑑み、ここでの勧告をイタリアの保健大臣にも送る所存でいる。保健大臣には論文に感謝するとともに、聞こえという主題にかかわる問題を研究するために、保健省で開かれる円卓に加わる用意のあることを伝えたい。

教皇庁保健従事者評議会の第二十五国際会議は来年バチカンで「より公平な、より人間らしい保健医療に向けて」というテーマで開かれます。回勅『真理における愛』の光に照らされて、奪うことのできない、不可侵の人間の尊厳を中心に話し合いが行われる予定です。

このような大きなイベントを可能にしてくださった皆様に感謝申し上げます。とくに教皇庁保健従事者評議会の事務局には、この会議を成功させるために、専門的知識と献身をもってご尽力いただきましたことに、感謝申し上げます。

神に祈願し、神を賛美し、世界のろう者をわたしたちの沈黙のマリアのご加護にゆだねましょう。

この祈りをもって、わたしは第二十四回国際会議の終了を宣言します。わたしたちの沈黙のマリアの取り次ぎによって、皆様の上に、宣教に、また生活に必要な祈りと祝福を願います。

H. E. Msgr. Zigmunt Zimowski

教皇庁保健従事者評議会議長

【付録】会議の結論としての勧告

教皇庁保健従事者評議会は、教会生活の中のろう者についてのこの会議を計画する中で、教会生活をともにするメンバーであるろう者の、聞こえのレベルに障害があることに関連する疑義および問題点に注意を向ける必要があることを強調するために、強いメッセージを送りたいと思いました。教皇様もこの第二十四回目の国際会議の参加者との謁見の際、次のように強調されました。「あなたがたは福音のメッセージの受け手であるだけでなく、洗礼を受けたことによって、その正統な伝達者でもあるのです」。

実際、この会議の目新しさは、過去に催されたさまざまな障害についての他の会議に比べると、聞こえにおける障害はあくまでも感覚器官の障害であるため、信仰と宗教上の実践について話すときには、他の身体障害とは分けて扱われなければならないということを強調しようとした点にあります。

教会生活の中へろう者を完全に統合するために、本会議は次のように勧告します。

1　ろう者に対応するため、またろう者の司牧のために、国単位で教会に中央事務局を設置すること。

2　各教区ごとに、ろう者の司牧に必要な技術と研鑽を積んだ司祭を少なくとも一人用意すること。そして、その司祭にろう者が、秘跡（とくにゆるしの秘跡）、典礼、信仰教育について、頼れるようにすること。

3　神学生がろう者のための特別な司牧方法を学ぶコースを設け、ろう者の世界についての知識を深めるよう奨励すること。手話に興味をもつ神学生には手話の知識向上の機会を与えること。

4　司教はろう者の問題に今以上に注意を向け、また、教区における司牧および信仰教育のプログラムの中に、ろう者のための、ろう者とともに実施するプログラムも用意し、ろう者もグループに入れるよう配慮すること。

5　大都市においては、聴覚障害者が積極的に典礼に参加できる教会・小教区を指定すること。

6　小教区および教区において司牧プログラムを作る際には、ろう者とその家族に特別な配慮をすること。ろう者、また、ろうの子どもをもつ親がその計画に参加し、貢献することが望ましい。

7　カトリックのウェブサイトを立ち上げ、信仰に関するよくある質問に答えること。ミサや説教を載せるのもよいし、必要であれば、政治に関する倫理的な疑問について理解を深めることができるようにするのもよい。

8　教区の催す宗教学に関する講座に、ろう者も参加できるようにすること。

9　手話を知らないろう者や後天的に聞こえなくなった人たちの必要にこたえるため、典礼の場にスクリーンを用意するよう司牧者に求めること。

10　国ごとに、ろうの司祭、修道者の召命を促進し、養成するための仕組みを作ること。

11　教区は、教会で働くことのできる有資格通訳者を登録すること。

12　教皇が強調されたように、ろう者の完全な社会参加の障害になることをすべて取り除くようにすること。それにはまず何よりも、適切な規則、習慣、儀礼上の決まりを整える必要がある。ろう者のタレントが社会で実を結ぶよう（マタイ25・14―30）、またろう者各自のタレントと能力が生かされ、すべてのレベルで社会全体の益に貢献できるよう、教育の場、研修の場、職場等でろう者が完全参加しやすくなることに考慮した、法的な条件を整えること。

この三日間の経験は、一方でわたしたちに喜びと希望をもたらしましたが、他方で、「エッファタ！　開かれよ！」というイエスの叫びが、わたしたちのそばにいる、また世界中に見いだされるすべてのろう者の心の中に確かに響き渡るように、ますます、そしてつねによりよい方法で努めるよう、わたしたちに思わせてくれました。

訳者注
会議の結論としてのこの十二項目の勧告は、閉会と同時に、まだ参加者が会場を出ないうちに、全員に配布されました。原本には収録されていませんが、本書には付録として収録しました。
なお、英語版原文では、the deaf people と、小文字の deaf が使用されています。ここではろう者と訳しています。

訳者あとがき

二〇〇九年十一月にローマ聖座で、教皇庁保健従事者評議会により、"Ephphatha! The Deaf Person in the Life of the Church"（「エッファタ！　教会共同体のろう者」と訳します）と銘打って、ろう者の信仰生活と宣教司牧をめぐる国際会議が開催されました。この会議には世界六〇数か国から五二〇人あまりが参加し、日本からは当時の日本カトリック聴覚障害者の会会長・市川茂之、手話通訳者として南八枝子の二名が参加しました。

本書は同評議会の機関誌 *DOLENTIUM HOMINUM Church and Health in the World* no. 73 - Year XXV - no. 1, 2010 に掲載されたこの会議の講演記録を翻訳したものです。

本書は教会文書でありながら、同時にろう者の抱える信仰上の様々な問題を提起するとともに、信仰のまなざしを通して、ろう者の生活上、教育上の問題も浮き彫りにしています。

ろう者の中にも、聞こえないからこそ神の声が聞こえ、それを求める人は多くいますが、聞こえないことは、説教を含めてミサの内容が理解できない、司祭が手話ができなければ、あるいは手話のできる信徒の協力がなければ、入門講座や聖書講座、要理教育にも与《あずか》れず、信徒との交流もできないことを意味します。また、とくにゆるしの秘跡については、司祭と本人の間でなされるところから、司祭が手話を知らなければ、不十分な秘跡に終わってしまいます。このことはろう者への福音宣教にも影響を及ぼします。教会にろう者が入りにくいのです。また、カトリックの家庭に生まれた幼児洗礼のろう者は少なからず存在します。彼らを含めて、ろう者たちは洗礼を受けたとしても、教会の合理的配慮がないために、信仰から離れてしまうことも多いのです。また、世界にはろう者の司祭も存在するのですが、日本ではろう者の召命に応えるだけの養成システムがありません。すべての人に福音をのべ伝えなさいという主のご命令は、ろう者に関しては頓挫してしまうのです。

ヨーロッパでは、教会は近世以降に教育の側面でろう者たちに手を差し伸べていたことが分かります。第一部第一章のカスティリオーネ師の講演では、カトリック教会とろう者の関わりの歴史が述べられていますが、ヨーロッパのカトリック教会は長らくろう教育にかかわってきており、その影響力は大きなものがあったことが分かります。

この講演で述べられているように、ろう者は信仰から遠いとされてきました。それをろう者にも信仰を伝えなければならないと考えたのがろう教育の始まりであったといわれています。

教皇ベネディクト十六世が指摘されているように（十四頁）、一七六〇年代に、本書には名前は出てきませんが、シャルル・ミシェル・ド・レペ神父（Charles Michel de l'Epée, 1712-1789）がパリに世界で初めてのろう学校を創立しました。その教育法はろう者に伝統的に伝わってきた手話を重視しつつ、それをフランス語に対応するように作り替えたもの（いわば手指フランス語）を通じて行うものでした。ド・レペ神父の功績は今なお世界中のろう者に讃えられ、感謝されています。

このバチカンでの国際会議に先立つ二〇〇六年、国連で障害者権利条約が議決され、手話がろう者の言語であることが国際的に承認され、ろう教育の権利も認められました。その過渡期に開催された会議であるため、本書は手話主義と口話主義をめぐる見解の相違が見られ、総花的な内容となっています。
この会議の終わりに、教会のろう者への関わりと配慮の歴史を振り返ったうえで、教会としてろう者たちに対してやらねばならないこととして、具体的な十二項目にわたる勧告がなされました。日本の教会でも生かされることを願いつつ、この勧告を翻訳し、本書に付録として収めました。

わたしたち日本カトリック聴覚障害者の会は、各地に散在するろう信者のデフ・コミュニティとして、ろう者としての信仰をあかししてきました。主が「エッファタ！」と言われてろう者の耳を開かれ、話せるように癒やされたという物語は、主がろう者にも関心を示され、愛と慈しみに満ちたまなざしを注がれたことのあかしです。本書がわたしたちにとって道標となり、読者の皆さんにとって、ろう者の世界に関心を持ち、理解を深め、それに向かって「エッファタ！」すなわち開かれ、ろう者への福音宣教へのきっかけとなることを心から願ってやみません。

本書の翻訳・出版に際して、日本カトリック聴覚障害者の会の顧問司教である梅村昌弘司教様、日本カトリック障害者連絡協議会の顧問司教である前田万葉大司教様は、本書が出版される意義をご理解くださり、後押ししてくださいました。フィリピンでろう者のために働いておられるフランシスコ会の佐藤宝倉神父様には、本書の内容について示唆をいただきました。また翻訳の過程で草稿に目を通してくださった元・日本手話学会会長の森壮也さん、手話言語学の基礎をご教示くださった東京大学大学院の伊東真理子さん、聴覚医学・耳鼻科学の視点から監修してくださった京都大学名誉教授の本庄巌先生には特に感謝申し上げます。その他にも多くの方々の有形無形のご協力、そしてお祈りをいただきましたことに感謝いたします。

わたしたち日本カトリック聴覚障害者の会は、日本においてろう者の福音宣教に尽くされ、近年帰天された二人の司祭のことを忘れません。大阪教区の有馬志朗師とオブレート会のジョン・デイリー師です。お二人にこの訳書をお捧げします。

二〇一七年十月二十二日　聖ヨハネ・パウロ二世教皇の記念日に

日本カトリック聴覚障害者の会

DOLENTIUM HOMINUM Church and Health in the World no. 73 - Year XXV - no. 1, 2010
Ephphatha! The Deaf Person in the Life of the Church
Dicastery for promoting Integral Human Development ©️ 2018

エッファタ！――教会共同体のろう者

2018年2月20日 発行

著　者　教皇庁 保健従事者評議会
訳　者　日本カトリック聴覚障害者の会
発　行　カトリック中央協議会
〒135-8585 東京都江東区潮見2-10-10 日本カトリック会館内
☎03-5632-4411（代表）

印　刷　モリモト印刷株式会社

定価はカバーに表示してあります　ISBN978-4-87750-211-9 C0016

乱丁本・落丁本は、弊協議会出版部あてにお送りください
弊協議会送料負担にてお取り替えいたします

教皇ベネディクト十六世
回勅 神は愛

神の愛と人間の愛との本質的なつながりを解明し、隣人愛の実践に関しての具体的な示唆をなす。「神の名が、ときには復讐や暴力を示す務めと結びつくことさえある世界」に生きる現代人にとって、きわめて実際的であり現実的な、慈愛に満ちたメッセージ。

800円

教皇ベネディクト十六世
使徒的勧告 愛の秘跡

「聖体――教会生活と宣教の源泉と頂点」をテーマとしたシノドス後の使徒的勧告。聖体に関する教え・典礼の実践・聖体と生活のつながりに関して学ぶための確かな導きであり、典礼のインカルチュレーション、エキュメニカル対話などの基準ともなる文書。

1000円

教皇ベネディクト十六世
回勅 希望による救い

近代科学の発展により、私的・個人的領域へと追いやられてしまっている希望――その真の価値を示す。聖書と初代教会の世界を通して希望の概念を明らかにし、近代におけるその変容を批判的に検討したうえで、希望を学び実践する「場」について考察する。

900円

（表示価格は税別。2017年12月現在）

教皇ベネディクト十六世
回　勅　真理に根ざした愛

人類の真の発展を支える主要な推進力であり、教会の社会教説の軸となる原理である「真理に根ざした愛」を説く社会回勅。真理を相対化し、それに注意を払わず、その存在すら認めようとはしない現代社会に対して、真理によって照らされた愛の実践を促す。

1000円

教皇ベネディクト十六世
使徒的勧告　主のことば

教会における聖書の読み方、教会生活とくに典礼における聖書の用い方、そして神のことばを世に告げ知らせる教会の使命――その多岐にわたる考察。聖書の学び、典礼、またインカルチュレーションや諸宗教対話についても、具体的で確かな導きとなる文書。

1200円

教皇フランシスコ
回　勅　信仰の光

ベネディクト十六世が草稿をまとめ、フランシスコが完成させた回勅。信じる者の歩みとしての信仰の姿を聖書を通して確認し、認識としての信仰を考察する。相対的な価値観がはびこる現代に生きる人々を、孤立した自我から広い交わりへと連れ出す促し。

900円

（表示価格は税別。2017年12月現在）

教皇フランシスコ

使徒的勧告　福音の喜び

すべての共同体と信者に向けた、自身の殻に閉じこもらず外へと出向いて行き、弱い立場にある人、苦しむ人、貧しい人、あらゆる人に福音を伝えるようにとの促し。「熱意と活力に満ちた宣教の新しい段階」への歩みを望む教皇が、希望をもって強く励ます。

1600円

教皇フランシスコ

回勅　ラウダート・シ

ともに暮らす家を大切に

大気、海洋、河川、土壌の汚染、生物多様性の喪失、森林破壊、温暖化、砂漠化、山積された廃棄物……。人間の活動が他者と全被造物に与える影響に関する、連帯と正義の観点からの考察。しわ寄せを被る開発途上国と将来世代に対し、担うべき責任を問う。

1400円

教皇フランシスコ

使徒的勧告　愛のよろこび

人間の関係性が変貌し希薄化している現代社会において、価値が揺らぎ危機に瀕している「家庭」とそれを築く根本である「結婚」。その不変の価値を、過去の教会の独善的ですらあった姿勢に対する反省を伴いつつ説く。愛と性のキリスト教的理解の指針。

2000円